KB078063

골든 시크릿

# 골든 시크릿

## 김용규 철학 우화

살림

# 차례

# 이상한 노인

터키 이즈미르 항에서 그를 만났다. 나는 성지순례 중이었는데 다음 날 알렉산드리아로 가는 배를 기다리고 있었다. 날이 저물자 노을이 바다로 가라앉기 시작했다. 방파제에서는 낚시꾼들이 미끼를 쫓아 올라올 물고기들을 기다리고 있었고 해변 모래사장에서는 아이들이 공놀이에 정신을 팔았다. 그는 방파제 난간에 걸린 노을 속에 홀로 서 있었다. 그러다가 갑자기 두 팔을 벌려 허공을 휘저었다. 마치 스러져가는 날빛을 움켜쥐려는 것 같았다. 그의 옆을 지날 때 술 냄새가 났다.

1973년 봄이었다. 당시 나는 중년에 접어든 변호사였다. 교사인 아내와 사이에 딸과 아들을 하나씩 뒀다. 그런데 어

7

느 때부턴가 삶이 갑자기 흔들리기 시작했다. 가정과 직장 모두에서 문제가 생기기 시작했다. 이대로는 더 이상 안 되겠다는 생각에 날마다 시달렸다. 하지만 속수무책이었다. 주위를 둘러보니 나만 그런 것이 아니었다. 같은 사무실의 동료들도 마찬가지였다. 우리는 주로 기업 법률상담을 하고 있었는데 우리가 하는 일이 우리를 그렇게 만든다는 생각이 들 정도였다. 뭔가 변화가 필요했다. 나는 서둘러 여행 가방을 쌌다.

이즈미르는 아름다웠다. 시시각각 빛깔이 변하는 에게 해를 마주하고 크고 작은 구릉들이 해안을 따라 줄지어 늘어서 있었다. 그 밑에 다소곳이 자리한 이 도시를 옛사람들은 '소아시아의 꽃'이라고 불렀다. 기원전 400년경에 알렉산드로스 대왕의 부장(副將) 리시마쿠스가 흰 돌들을 깎아 웅장한 건물들을 짓고 구릉을 따라 성곽을 둘렀다. 도시는 비잔티움 여왕의 왕관처럼 빛났다.

내가 그를 다시 보았을 때에는 바다가 노을을 삼킨 뒤였다. 바다는 검게 탔다. 하늘에는 그래도 서글픈 날빛이 조금 남았는데 낚시꾼들은 돌아가고 공을 차던 아이들도 사라졌다. 모두들 단란한 저녁상 앞에 둘러 앉아 있었을 것이다. 그는 두 손으로 가슴을 움켜쥔 채 모래밭에 쓰러져 있었다. 경련을 일으킨 듯 그의 다리가 심하게 떨렸다.

처음에는 술에 취해 그런 줄 알았다. 한데 문득 협심증일지 모른다는 생각이 들었다. 웃옷주머니를 뒤지자 알약이 든 조그만 병이 손에 잡혔다. 하나를 꺼내 서둘러 그의 입을 벌리고 혀 밑에 밀어 넣었다. 한참이 지나자 그가 손으로 땅을 짚고 허리를 일으켜 세우며 투덜거렸다.

"지옥에 가는 일도 쉽진 않군."

하늘과 맞닿은 구릉에까지 이미 어둠이 내려앉았다. 하지만 그가 방파제에 서서 하늘을 향해 두 팔을 휘젓던 노인이라는 것은 쉽게 알아볼 수 있었다. 그는 왜소하고 초라했다. 그런데 짙은 눈썹 밑에서 커다란 눈망울이 번뜩였다. 먹잇감을 공격하려는 야수의 눈빛이었다. 그는 한참 동안 나를 노려보았다. 내심 무슨 깊은 생각을 하고 있는 것 같기도 했다. 아니, 운명처럼 어두워지는 밤하늘을 노려보고 있었는지도 모른다. 초저녁 별이 하나둘씩 뜨고 있었다.

"여행객 같은데 근처에 묵소?"

내가 고개를 끄덕였다.

"당신 방으로 갑시다. 당신에게 줄 것이 있소."

그는 영어로 말했다. 목소리가 철판을 긁는 것 같았고 말투는 거칠었다. 그의 말대로 나는 바닷가 부근의 호텔에 묵고 있었다. 하지만 그에게서 무엇을 받고 싶지 않았다. 낯선 술꾼을 방으로 끌어들이고 싶은 마음은 더욱 없었다. 나는 머뭇거렸다.

"당신 방에서 날 조금만 쉬게 해주시오. 그러면 당신은 오늘밤 세상에서 가장 귀한 것을 얻게 될 것이오."

바다를 건너 온 바람에서 풋과일 냄새가 났다. 야행성 물고기들이 불빛을 따라 해안으로 떼지어 몰려오는 철이다. 호텔로 돌아온 그와 나는 바다 쪽으로 난 테라스에 마주 앉았다. 방에는 내일 떠날 채비를 하느라 늘어놓은 짐들이 여기저기 널려 있었다.

"난 그리스 사람이오. 친구들은 날 아리라고 부른다오."

밝은 데서 보니 그는 70살쯤 되어 보였다.

"정식 이름은 아리스토텔레스 소크라테스 오나시스인데, 혹시 들어보았소?"

그는 사뭇 진지하게 말했지만 나는 피식 웃었다.

지금은 그렇지 않지만, 당시에는 오나시스를 모르는 사람이 거의 없었다. 오나시스는 세계에서 가장 많은 배를 가진 사람이었다. 어느 나라 해군도 오나시스만큼 배를 갖고 있지 못했다. 항공회사도 갖고 있었다. 150척이 넘는 그의 유조선들과 500여 척의 화물선들 그리고 수십 대의 여객기들이 전 세계의 바다와 하늘에 항상 떠 있었다. 10여 개 나라에 85개의 기업체를 갖고 있었다. 자산총액은 자신도 계산하지 못했다. 그의 이름 앞에는 언제나 '황금의 그리스인' 또는 '신비에 싸인 억만장자'라는 별명이 붙어 다녔다.

그럼에도 그가 세상 사람들에게 널리 알려진 것은 배나 항공기 때문이 아니었다. 여자 때문이었다. 할리우드의 유명 여배우들, 세계적인 오페라 가수들, 유럽 명문가의 여자들, 심지어 왕비와 대통령 부인들까지 그의 침실을 다녀갔거나 그와 크고 작은 염문을 뿌렸다. 그 가운데는 전설적인 여배우 그레타 가르보, 스칸디나비아 선박왕의 딸 잉게보르그 데디첸, 할리우드의 톱스타였던 모나코 왕비 그레이스 켈리, 세계적인 프리마돈나 마리아 칼라스, 미국 사교계의 여왕 진 라인렌더, 영국 귀족의 부인 리 라드지월 공주가 끼어 있었다.

1968년 10월 20일 오나시스는 미국 대통령 영부인이었던 재클린 케네디와 재혼했다. 결혼식은 그가 소유하고 있는 아름다운 섬 스코르피오스에서 비밀리에 거행되었다. 200명의 사병들이 섬을 지켰다. 그런데도 다음 날 전 세계 주요 신문들은 그의 재혼 소식을 사진과 함께 일면에 실었다. 어떤 기사 상단에는 큰 글자로 재클린은 39세이고 오나시스는 69세라고도 썼다. 그때부터 '무엇이든지 손에 넣은 사나이'가 그의 이름 앞에 새롭게 붙어다녔다. 그가 마음먹어 갖지 못하는 것은 세상에 없었다.

당연히 내 앞에 마주앉은 초라한 노인은 오나시스일 수가 없었다. 우선 얼굴 모습부터 신문에 자주 실렸던 사진과 달랐다. 체구도 훨씬 작아 보였다. 또 오나시스의 상징인 굵은 검은 테 안경도 쓰고 있지 않았다. 무엇보다도 말이 되지 않았다. 세기의 부호 오나시스가 호사스런 요트 크리스티나호에서 부인 재클린과 함께 누워 있지 않고 왜 한적한 바닷가에 홀로 쓰러져 있겠는가. 아니면 파리의 맥심 레스토랑에서 애인 마리아 칼라스와 함께 앉아 있지 않고 왜 터키 바닷가에서 낯선 여행객과 마주 앉아 있겠는가.

"못 믿는 것 같군. 그런데 당신이 믿든 말든 그건 중요하지 않소. 사실은 내가 누구인가도 마찬가지지. 중요한 것은 지금부터 내가 하는 이야기요. 내 이야기를 잘 들으시오. 그러면 당신은 세상에서 당신이 원하는 모든 것을 얻을 수 있소. 그것이 무엇이든 말이오. 알겠소? 나보다 더 큰 부자가 될 수도 있고, 나보다 더 많이 아름다운 여자들을 가질 수도 있을 거요."

나는 등을 뒤로 젖혔다. 의자 깊숙이 몸을 묻고 멀리 밤하늘을 쳐다보았다. 유성 하나가 하늘을 가로질러 밤바다로 뛰어들었다. 바다는 꿈쩍도 하지 않았다. 그가 그만 돌아갔으면 좋겠다는 생각이 들었다.

"하지만 그런 것들은 알고 보면 모두 하찮은 것들이오. 부, 권력, 여자들 말이오. 세상엔 그런 것들보다 더 좋고 소중한 것들이 있소. 난 어리석게도 이제야 그것을 알게 됐소. 멍청이, 천치, 바보처럼, 너무 늦게야 깨달았소. 그것도 내 아들이 죽고 나서야 말이오. 내 아들⋯⋯."

갑자기 말꼬리가 흐려졌다.

"알렉시가 죽다니⋯⋯ 내 아들 알렉산더가 죽다니⋯⋯."

그가 같은 말을 몇 번 되뇌었다. 그러더니 이내 두 손으로 얼굴을 감싸고 흐느끼기 시작했다. 울음은 한동안 계속되었다. 나는 참을성 있게 기다렸지만 쉬 그치지 않았다. 그가 오나시스는 아니더라도 사랑하는 아들을 잃고 절망에 빠진 아버지인 것은 확실해 보였다. 나는 방으로 들어가 소다수에 얼음을 넣어 가지고 돌아왔다.

"아리, 진정하고 이걸 들어요."

그때 그의 이름을 처음 불렀다. 그는 눈물을 훔치며 손수건을 꺼내 코를 풀더니 이내 안정을 되찾았다. 그리고 놀라운 이야기를 풀어놓기 시작했다.

"그러니까 50년 전쯤 일이오. 당시 이곳은 전쟁 중이었소.

터키 군인들이 그리스 처녀들의 목을 잘라 길거리에 마구 걸어놓던 무서운 시절이었소. 그때 난 우연한 기회에 어느 죽어가는 유대인 랍비를 도운 적이 있소. 그 대가로 그가 내게 양피지 두루마리 하나를 건네주었소. 그리고 그 안에는 무엇이든 원하는 것들을 얻을 수 있는 비법이 적혀 있다고 했소. 그때 나는 17살이었고 주머니엔 한 푼도 가진 게 없었소. 그런데 지금은 세상의 모든 것을 다 가졌소. 모두가 그 양피지에 적힌 대로 했기 때문이오. 그걸 당신에게 주겠소."

바람이 다시 불었다. 바다가 서서히 일렁이기 시작했다. 물밑에서 홍어와 넙치, 가자미들이 지중해로 떠나는 긴 여행을 준비하고 있었다.

"왜지 아시오? 물론 당신이 날 구해주었기 때문이오. 그 늙은 랍비가 내게 말했소. 언젠가는 나도 누군가 날 구해준 사람에게 양피지 두루마리를 건네주게 될 것이라고. 하지만 그 말 때문은 아니오. 난 그딴 말을 믿지도 않았소. 게다가 당신을 제외하곤 지금까지 날 구해준 사람이 없었거니와 설사 있었다 해도 난 그리하지 않았을 것이오. 사실 나는 그 양피지 두루마리를 내 아들 알렉산더에게 건네주고 싶었소."

아들 이야기가 나오자 그의 표정이 다시 일그러졌다.

"지난 1월 23일, 그러니까 불과 석 달 전에 내 아들 알렉산더가 비행기를 몰다 죽지만 않았어도 그것을 당신에게 전할 리가 없지. 아니 내가 혼자서 이곳에서 방황하지도 않았을 것이고 당신을 만나지도 못했을 거요. 모두가 신의 뜻이겠지. 그 망할 놈의 신이 이리 정했겠지. 아무튼 나는 이제 곧 죽을 것이고 당신은 머지않아 세상의 모든 것을 갖게 될 것이오. 하지만 그 전에 지금부터 내가 하는 이야기를 잘 들어야 하오. 그래야만 그리될 수도 있을 것이고 또한 내가 한 잘못을 되풀이하지도 않을 것이오.”

나는 지금부터 35년 전에 이즈미르 바닷가에서 자기를 오나시스라고 소개한 어느 노인에게서 들은 이야기를 하려고 한다. 그는 놀라운 기억력을 갖고 있었다. 50년 전에 일어난 일까지도 마치 엊그제 일처럼 날짜, 사람 이름, 지방 이름, 심지어는 탔던 배들의 이름까지 잊지 않고 있었다. 어쩌면 자기 이야기가 사실이라는 믿음을 주기 위해 그때그때 생각나는 대로 적당히 지어낸 것들인지도 모른다. 하지만 그의 말대로 그것은 전혀 중요하지 않다. 중요한 것은 지금부터 하는 이야기다.

이제 나도 80이 넘었다. 그날 밤 그가 그랬던 것처럼 나도 해묵은 신문지 같은 옛 기억들을 뒤적이며 이 글을 쓰고 있다. 그러나 상황은 전혀 다르다. 왜냐하면 나는 그가 이야기를 시작하자마자 강렬한 흥미를 느껴 이야기 가운데 튀어나오는 날짜와 이름들을 낱낱이 수첩에 적어가며 들었기 때문이다. 그것은 변호사라는 직업을 통해 길러진 오랜 습관이기도 했다. 따라서 그가 말한 것을 내가 잘못 전할 리는 없다.

나는 그에게서 들은 모든 것을 정확하고 자세하게 당신에게 전하겠다. 그렇다고 해도 당신은 내 이야기를 믿기 어려울 것이다. 그날 밤에는 나도 그랬다. 그러나 만일 당신이 내가 하는 이야기를 믿는다면 당신은 나와 내 아들처럼 될 것이다. 그렇지 않으면 지금까지 살아온 대로 살아갈 것이다. 선택은 당신에게 달려 있다.

# 1

## 신비한 양피지

아리는 1906년 1월 20일에 터키의 항구도시 이즈미르에서 태어났다. 당시 이름은 스미르나였다. 에게 해를 끼고 동서양을 잇는 이 항구에는 예로부터 각 나라에서 무역상들이 몰려들었다. 아리의 아버지도 그들 가운데 하나였다. 그는 담배와 피혁, 그리고 곡물 거래로 부를 거머쥔 거상이었다. 아리의 가족들은 그리스 사람들이 으레 그렇듯이 모두가 신화에 나오는 인물이나 위인들의 이름을 가졌다. 아리의 아버지는 소크라테스이고, 어머니는 오디세우스의 정숙한 아내 페넬로페, 두 살 위 누나는 달의 여신 아르테미스였다. 어머니는 아리가 6살 때 맹장수술을 받다가 세상을 떠나 더 이상 아리에게 빵을 구워줄 수 없게 되었다. 겨우 26살이었다. 18개월 후

새어머니 헬렌이 들어왔다.

아리가 8살이 되던 1914년에 제1차 세계대전이 일어났다. 불길은 삽시간에 소아시아 전체로 번졌다. 1918년에 대전이 끝나자 터키 영토였던 스미르나는 그리스 령이 되었다. 독일 측에 가담한 터키가 전쟁에 패했기 때문이었다. 그런데 3년 후에 그리스가 불가리아, 세르비아와 동맹을 맺고 터키와 전쟁을 벌였다. 동맹군은 처음 몇 번은 달콤한 승리를 맛보았다. 하지만 곧 터키의 새로운 지도자 무스타파 케말 파샤에게 밀려 스미르나를 넘겨주었다. 검은 구름이 유서 깊은 항구를 덮치기 시작했다.

1922년 9월 8일 케말 아타튀르크가 이끄는 터키 해방군이 들어왔다. 시민들에게 외출을 하지 말라고 알리는 벽보가 곧바로 거리마다 나붙었다. 놀라거나 두려워 말라는 믿을 수 없는 통고도 집집마다 전달되었다. 그리고 겨우 하루가 지나자 대대적인 숙청이 시작되었다. 시내 곳곳에 형장이 마련되었고 그리스인들이 짐승처럼 끌려가 차례로 처형되었다. 그래도 그들은 나았다.

어떤 사람들은 길거리에서 잡히는 대로 건물 벽 앞에 세워져 즉석에서 총살당했다. 다른 사람들은 교수형을 당해 나무와 가로등에 대롱대롱 매달렸다. 가족들은 소식조차 몰랐다.

수천 년간 유유히 시내를 가로지르던 우준 강에는 아타튀르크의 부하들이 강간하고 죽인 처녀들의 목이 대여섯 개씩 다발로 묶여 둥둥 떠내려갔다. 어른들은 살려달라 아우성을 쳤고, 아이들은 겁에 질려 울부짖었다.

아리의 집안에도 위기가 닥쳤다. 전 재산이 몰수되고 아버지가 체포되었다. 정치에 관여했던 삼촌 알렉스는 광장에 끌려가 교수형을 당했다. 다른 삼촌들 역시 어디인지도 모르는 강제 노동수용소로 끌려갔다. 고모와 그의 가족들은 교회에서 불타 죽었다. 500여 명의 남녀노소 그리스인들이 기도를 드리는 정교회 예배당에 터키군이 밖에서 문을 잠그고 불을 질러서였다.

바닷가 언덕 위에 술탄의 궁궐같이 버티고 있는 아리의 집에는 터키군 1개 소대가 들어와 살았다. 새어머니와 누나, 그리고 여동생들은 다른 친척집으로 피신했다. 아리와 할머니는 그나마 쫓겨나지 않고 창고 옆 구석방에 머물 수 있었다. 아리는 17살 생일을 이 골방에서 맞았다.

아리는 대문에 힘없이 기대어 서 있었다. 매혹적인 청록색의 바다, 그림 같은 해안, 그 너머 펼쳐진 비옥한 대지, 올리브 숲이 우거진 구릉들이 보였다. 시내 곳곳에서는 아직도 검은 연기가 솟아오르고 상상도 못한 끔찍한 일들이 일어나고 있었다. 난생처음 겪는 두려움과 서글픔에 눈물이 났다.

그때 낡은 포드 차 한 대가 흙먼지를 몰고 달려와 집 앞에서 급히 멈춰 섰다. 차 문이 열리더니 큰 키에 제복을 걸친 미국인이 내렸다. 나중에 알고 보니 그 사람은 스미르나 주재 미국 영사관에서 부영사로 근무하는 데이비드 파커였다. 그는 아리네 옆집에 사는 미국인 여교사를 본국으로 피신시키려고 온 것이었다. 그녀는 아리가 다니는 고등학교인 엔벤젤리키 스콜리의 영어교사였다. 이 학교는 영어뿐 아니라 프랑스어와 독일어까지 원어민 교사를 초청해 교육하던 명문이었다.

여교사가 짐을 꾸리는 동안을 기다리던 파커가 아리에게 다가와 물었다.

"여기 사나? 어디서 술을 좀 살 수 없을까?"

아리가 고개를 저었다. 술을 파는 곳을 몇 군데 알고 있지만 지금은 위험해서 아무도 팔지 않을 것이라고 얘기했다. 그래도 파커는 포기하지 않고 함께 가보자고 했다.

아리는 자신이 없었지만 파커를 데리고 몰래 술을 파는 그리스 노인을 찾아갔다. 약삭빠른 노인은 제복을 입은 미국인을 보자 선뜻 숨겨놓았던 술들을 내놓았다. 라키주 3갤런

과 위스키 몇 병을 산 파커는 기분이 좋아 아리에게 라키주 1
갤런을 주었다. 아리는 집으로 돌아와 라키주를 집에 머무는
터키군 소대장에게 주었다. 그가 집 안에 술이 있냐고 물은
적이 있기 때문이었다. 라키주를 받은 소대장은 아리에게 군
화 한 벌을 주었다. 그는 뭔가 큰일을 한 것 같은 느낌이 들었
다. 태어나 처음 해본 거래였다.

그 후에도 파커는 아리에게 이것저것 잔심부름을 시켰다.
스미르나 사정에 밝은 데다 그리스어뿐 아니라 영어와 터키
어까지 할 줄 알았기 때문이다. 아리는 가끔 일 때문에 영사
관에서 며칠씩 머무르기도 했다. 그러자 파커가 아리에게 아
예 미영사관 출입증을 내주었다. 아리는 너무나 기뻐 한동안
입을 다물지 못했다. 그 출입증만 가지면 시내 어디든지 자
유롭게 다닐 수 있었다. 터키 군인들도 미영사관 출입증을
가진 사람들은 털끝 하나 건드리지 않았다. 미국과의 마찰을
원하지 않았기 때문이다.

영사관을 둘러싼 사방 1킬로미터는 미국 해병대가 주둔하
는 안전지역이었다. 아리는 먼저 할머니를 안전지역으로 피
신시켜야겠다고 생각하고 여러 날 만에 집으로 갔다. 그런데
할머니가 집에 없었다. 아리가 집을 비운 사이 터키 군인 두
명이 끌고 갔다고 이웃이 알려주었다. 그 후 아리는 다시는

할머니를 보지 못했다. 친척 집으로 피신했던 가족들은 모두 안전지역으로 빼냈다. 그리고 그들을 곧바로 배에 태워 그리스로 피신시켰다.

그 후 아리는 아버지를 찾아 시내 수용소들을 샅샅이 뒤졌다. 아버지는 스미르나 외곽에 위치한 쿠나크 형무소에서 300여 명의 사람들과 함께 재판을 기다리고 있었다. 그들은 전부 정치범으로 수감되었다. 그렇지만 모두 정치와는 무관한 사람들이었다. 형무소 출입은 엄하게 통제되었다. 그래도 아리는 통행증과 파커의 도움으로 어렵지 않게 수용소를 드나들며 아버지를 만났다.

일단 수용소로 들어가기만 하면 그 안에서는 자유롭게 오가며 죄수들을 만날 수 있었다. 아리는 아버지와 함께 있는 다른 죄수들의 편지를 밖에 있는 가족들에게 전해주었다. 또 가족들이 보내는 담배와 돈을 죄수들에게 몰래 가져다주기도 했다. 위험한 일이었지만 기꺼이 했다. 그런데 어느 날 뜻하지 않게 훨씬 더 위험한 일을 맡게 되었다.

한번은 그리스인으로 이탈리아에서 크게 성공한 정치인을 수용소 안에서 만났다. 그는 아리에게 이탈리아 영사관으로 가서 자기가 납치되어 감금된 사실을 전해달라고 부탁했다. 아리는 그 부탁을 들어주었다. 다음 날 이탈리아 영사가 수용소를 관할하는 터키군 대장에게 거액의 돈을 몰래 건네고 그를 구출해냈다. 이때 돈을 나르는 일을 아리가 맡았다.

위험했지만 소득이 있었다. 수고비로 적지 않은 돈을 받았다. 그뿐 아니었다. 아리는 돈을 주면 죄수를 구해낼 수 있다는 것을 알았다. 그래도 당장에는 아버지를 구할 수는 없었다. 재산을 모두 몰수당해 그런 큰돈을 마련할 수가 없었다. 그런데 그날 저녁 그동안 용기를 잃지 않고 꿋꿋이 버티던 아버지가 눈물을 흘리며 말했다.

"매일 밤 터키군 장교가 죄수들을 10명, 20명씩 끌고 간다. 그들은 결코 돌아오지 못했어. 들리는 말로는 재판도 제대로 받아보지 못하고 모두 억울하게 교수형을 당한다는구나."

마음이 다급해진 아리는 그날 풀려난 이탈리아 정치인 이야기를 아버지에게 털어놓았다. 눈물로 흐려졌던 아버지의 눈이 금세 빛났다. 뭔가를 급히 적어서 아리에게 건넸다.

"여기에 나와 평생 거래했던 무역상들의 이름과 주소를 적었다. 콘스탄티노플로 가서 이 사람들을 찾아라. 콘스탄티노플로 가는 일은 파커 씨에게 부탁하면 될 거다. 이 사람들을 만나면 네가 알고 있는 이야기를 모두 해라. 그러면 그들이 돈을 모아서 나를 구출해줄 거야. 왜냐하면 내가 살아나는 것이 그들에게 훨씬 더 큰 이익이 되기 때문이다."

아리는 뛸 듯이 기뻐하며 아버지가 건네준 쪽지를 받아들고 외쳤다.

"당장 콘스탄티노플로 갈게요. 그래요. 파커 씨가 도와줄 거예요."

한시가 급했다. 아버지에게 서둘러 작별인사를 하고 돌아섰다. 그런데 그때 갑자기 다급한 소리가 들렸다.

"젊은이 잠깐만!"

조금 전까지 그들 옆에서 죽은 듯이 누워 있던 노인이었다. 그가 황급하게 몸을 일으키며 아리에게 물었다.

"콘스탄티노플에 간다고 하셨나?"

노인은 왜소한 데다 얼굴이 백지장 같았다. 게다가 숨을 가쁘게 몰아쉬었다.

"젊은이, 잠시 내 말을 들어주시게. 나는 이제 곧 죽을 거라네. 그런데 부탁이 하나 있어. 제발 죽어가는 사람 소원 하나 들어주시게."

아리가 힐끔 아버지의 눈치를 살폈다. 아버지가 고개를 끄덕였다.

"콘스탄티노플에 가거든 랍비 유다 벤 게림을 찾아 보따리를 하나를 전해주시게. 유대교 회당에 가면 쉽게 만날 수 있을 거네. 보따리에는 카발라 경전이 들어 있네. 2세기경에 랍비 시므온 벤 요하이가 로마군을 피해 동굴에 들어가 열두 해 동안 살면서 기록한 거라네. 다른 사람들에게는 아무 쓸모가 없지. 하지만 우리들에게는 목숨보다 더 귀중한 거라네. 나는 이 경전을 콘스탄티노플로 옮기는 중에 이런 봉변을 당하게 됐네. 그런데 내가 여기에서 죽어 경전이 소실된다면 나는 주님과 회당에 죄를 짓고 영원히 저주를 받을 걸세. 그러니 부디 나를 대신해서 이 보따리를 제자인 랍비 유다 벤 게림에게 전해주시게."

노인은 아리에게 조그마한 보따리 하나를 떠넘기듯 내밀었다. 아리가 보따리를 받아들자 노인이 힘겹게 말을 이었다.

"고맙네, 고마워. 난 아무래도 오늘 밤을 못 넘길 것 같네만 이제 마음 편히 죽을 수 있게 되었네. 자네는 나와 유대교에 선한 일을 하는 거야. 그런데 보다시피 내게는 자네에게 줄 수고비가 없구먼. 그래서 대신 이걸 자네에게 주려고 하네."

노인이 품속에서 가죽주머니 하나를 꺼냈다.

"잘 들으시게! 위대한 랍비 시므온은 동굴에서 지내는 동안 우리 조상 대대로 내려오는 신비주의 사상인 카발라를 연구했다네. 결국 우주창조와 인간창조의 비밀을 모두 풀어냈지. 주께서는 우주와 인간을 마드실 때 사용하신 창조의 원리 열 개씩을 비밀스럽게 숨겨놓으셨던 거야. 지금도 우주를 운행하고 인간의 운명을 움직이는 신성한 빛들이지. 그걸 랍비 시므온 벤 요하이가 알아낸 거라네. 그 가운데 하나인 공경에 관한 부분이 이 안에 든 양피지에 적혀 있어. 공경 말일세!"

노인이 잠시 말을 멈추었다. 차오르는 가슴을 진정시키려는 듯 큰 숨을 내쉬더니 다시 말을 이었다.

"랍비 시므온은 사람이 이 양피지에 적혀 있는 대로 따라 한다면 세상에서 원하는 것은 뭐든지 가질 수 있다고 했네. 그러니 잘만 사용하면 자네의 수고에 대한 대가가 충분히 될 걸세. 물론 자네가 원하는 것이 무엇이냐에 달려 있지만 말일세. 부디 값어치 있는 것을 원하시게. 그렇지 않으면 오히려 자네에게 해가 될 수도 있네. 물이란 소중한 것이지만 소가 마시면 젖이 되고 뱀이 마시면 독이 되기 때문이지. 부디 명심하게. 그리고 언젠가는 이 양피지를 다시 누군가에게 넘겨주시게. 자네가 지금 내게 하는 것 같은 선한 일을 자네에게 하는 사람에게 말이네."

아리가 가죽주머니를 받아 재빨리 품속에 넣었다. 그렇지만 노인의 말은 믿지 않았다. 원하는 모든 것을 가질 수 있다? 세상에 그런 물건이 있을 리가 없기 때문이었다.

# 2
## 젖과 꿀이 흐르는 땅

 뱃고동이 세 번 길게 울었다. 하늘에는 구름 한 점 없었다. 1만 2천 톤짜리 여객선이 나폴리 항을 빠져나와 부에노스아이레스로 향했다. 남미로 떠나는 이민자들을 가득 실은 배였다. 아리는 수백 명이나 되는 이민자들 가운데 끼어 있었다. 거의 이탈리아 사람들이었다. 하지만 그 가운데 그리스 사람들도 심심치 않게 눈에 띄었다.

 이민자들은 대부분 화물 창고를 개조해 만든 커다란 선실에 배치되었다. 한 방에 30명씩 밀어 넣고 음식은 하루에 한 끼씩만 주었다. 저녁 10시면 전등을 끄고 아침 6시 30분에 점호를 했다. 뱃삯은 일인당 75달러였다. 40달러를 더 내면 하루 세 끼 식사를 주는 6인용 선실로 갈 수 있었다. 아리는 돈을 아끼려고 그리하지 않았다. 대신 다른 방법을 썼다.

아리는 나이가 들어 보이는 고참 선원을 10달러에 구워삶았다. 그는 아리가 배 끝머리에 있는 빈 공간에서 혼자서 머물 수 있도록 해주었다. 식사도 하루 세 번씩 꼬박꼬박 가져다주었다. 단돈 10달러에 사실상 6인용 선실보다 더 좋은 독방 서비스를 받았다. 지난 2년 동안에 생사를 넘나드는 험한 일들을 겪으며 깨우친 수완을 발휘한 것이다. 아리가 선실을 빠져 나와 갑판으로 올라갔다. 바람이 맑고 태양이 밝았다. 배는 이탈리아 해안을 따라 북쪽으로 항해했다.

아버지가 갇힌 형무소에서 나온 아리는 즉시 콘스탄티노플로 갔다. 터키군이 철통같이 지키고 있는 스미르나를 빠져나가는 데는 파커의 도움이 컸다. 아리는 파커가 준 미군 수병의 옷을 입고 미 해군 구축함을 탔다. 탈출하는 그리스인들을 잡는 데 혈안이 된 터키군이지만 미 해군 함정까지 수색할 수는 없었다. 스미르나를 벗어나자 아리는 곧바로 연합군이 점령하고 있는 콘스탄티노플로 향했다. 콘스탄티노플에 도착한 그는 아버지가 적어준 영국 상인, 이탈리아 상인, 터키 상인들을 차례로 만났다.

그들은 모두 힘을 합쳐 아리의 아버지를 구하겠다고 약속했다. 절름발이인 터키 무역상 사디크는 터키 군에 몰수된 땅과 재산도 되찾게끔 힘을 쓰겠다고 다짐했다. 뿐만 아니라 아리가 찾는 랍비 유다 벤 게림에게 연락도 취해주었다.

어두운 회당 안으로 들어가자 랍비 유다 벤 게림이 기다리고 있었다. 검은 수염을 길게 길렀지만 몸이 건장하고 아직 젊었다. 스승의 소식을 전해들은 그는 보따리를 껴안고 바닥에 주저앉아 울었다. 아리는 그가 너무 슬피 울어 조용히 돌아 나갈까 생각했다.

그때 무슨 생각이 들었는지 그가 갑자기 울음을 멈췄다. 그리고 보따리를 풀어 그 안에 든 양피지들을 살펴보기 시작했다. 한참이 지났다. 그가 자못 심각한 눈빛으로 아리를 올려다보았다. 얼굴이 백지장 같았다.

"이것뿐인가?"

그가 물었다.

"무슨 말입니까?"

"스승님께서 자네한테 주신 것이 이것뿐인가 말일세."

"그, 그런데요."

아리가 말을 더듬었다. 그러자 그가 갑자기 정색을 하며 다그쳤다.

"아니지? 자넨 지금 거짓말을 하고 있어."

겁이 난 아리가 자기도 모르게 한 발짝 뒤로 물러섰다. 그가 자리에서 벌떡 일어섰다. 그러고는 근엄한 표정으로 다가서며 말했다.

"그걸 돌려주게. 그건 자네가 가질 물건이 못 되네."

"뭘 말이오?"

"자네가 갖고 있는 양피지 두루마리 말일세. 그 물건은 세상에 나가서는 안 되네. 자네는 물론이고 많은 사람들을 불행하게 할 것이야. 그래서 위대한 스승들은 그 물건을 성스러운 회당 지하에 2,000년 동안이나 감춰놓았던 거지. 그러니 어서 내게 돌려주게."

그가 두 손을 뻗어 아리의 양 어깨를 꽉 붙잡고 말했다. 아직 눈물이 일렁이는 그의 두 눈이 어둠 속에서 번들거렸다. 겁에 질린 아리가 고개를 좌우로 흔들었다.

"이러지 말게. 사람이란 조금 부족한 듯, 조금 모자란 듯 살아야 한다네. 그래야 신을 바라보지. 어서 그 물건을 내게 돌려주게."

그의 목소리가 갑자기 거세지더니 눈에 광기가 서리기 시작했다. 아리는 온몸에 소름이 돋았다. 하지만 그 순간 아리의 귀에 감옥에서 만난 노인의 음성이 들렸다.

"랍비 시므온은 사람이 이 양피지에 적혀 있는 대로 따라

한다면 세상에서 원하는 것은 뭐든지 가질 수 있다고 했네. 그러니 잘만 사용하면 자네의 수고에 대한 대가가 충분히 될 걸세."

아리는 그 말을 믿지 않았다. 그런데 이제는 달랐다. 랍비 유다의 행동으로 보아 자신의 품속에 든 양피지 두루마리가 예사 물건이 아님을 알 수 있었다. 그렇다면 더욱 그것을 빼앗겨서는 안 된다는 생각이 들었다.

"그건 당신의 스승이 수고비로 내게 준 거요. 그 물건의 주인은 이제부터 나란 말이오."

아리가 그의 손을 뿌리치고 뒷걸음질을 치기 시작했다. 그러자 랍비가 처연한 표정으로 한탄을 토했다.

"아, 스승님께서는 왜 이리하셨을까?"

아리는 회당 밖으로 내달렸다. 큰길로 나가 천천히 바닷가로 발길을 옮겼다. 해변에선 파도가 입에 거품을 물고 바위를 물어뜯고 있었다. 그는 혼란스러워 한참 동안 멍하니 서 있었다.


"내게 무슨 일이 일어나고 있는 거지?"

콘스탄티노플을 떠나 아리는 새어머니와 친척들이 피신한 그리스 피레우스 항으로 향했다. 난생처음으로 밟는 그리스

본토였다. 부두에 내린 아리는 곧바로 스미르나에서 피난 온 그리스 사람들을 만났다. 그들은 아리에게 이것저것을 물었다. 스미르나에 두고 온 부모들, 아이들, 남편, 아내, 형제들의 소식이었다. 누나, 새어머니, 여동생들, 그리고 살아남은 친척들이 빈민가에 있는 조그만 오두막에서 살고 있었다. 모두 17명이나 되었다.

얼마 후 아버지가 마침내 석방되어 돌아왔다. 곧바로 가족회의가 열렸다. 앞으로 살아갈 방법을 상의하기 위해서였다. 아리는 그가 어떻게 아버지를 구했는가를 자랑스럽게 설명했다. 아버지는 콘스탄티노플의 친구들이 자기를 구하는 데 5,000파운드라는 거금을 썼다는 소식이 왔다고 했다. 그러자 친척들이 칭찬을 하기는커녕 오히려 아리를 야단쳤다. 그냥 놓아두어도 석방될 사람을 두고 헛돈을 쓰게 만들었다는 것이다. 아버지도 일단 풀려나서인지 너무 많은 돈이 들었다고 그 일을 후회했다. 아리는 크게 실망했다.

게다가 더 놀란 것은 친척들이 아리가 랍비 노인에게서 받은 양피지 두루마리를 내놓으라고 한 일이었다. 그것이 무엇이든 가족 공동소유가 되어야 한다는 명분이었다. 그 순간 양피지 두루마리를 빼앗으려 했던 랍비 유다 벤 게림이 떠올랐다. 자신도 모르게 몸이 부르르 떨렸다. 아리는 단호하게 거절했다. 유다 벤 게림을 만난 이후부터 양피지에 대한 아리의 막연한 믿음과 기대가 날로 커가고 있었다. 양피지만 생각하면 그때마다 가슴이 부풀어 올랐다. 뭔가 황홀하고 신비한 미래가 바로 앞에서 자신을 기다리고 있는 것 같았다. 자다가도 벌떡 일어나 품속에 든 가죽주머니를 만져보곤 했다.

하지만 그 일을 계기로 그 후부터 집안에서 말다툼이 자주 오갔다. 아리는 가족들에게 배신을 당했다는 감정에 사로잡혀 괴로웠다. 지난 2년 동안 나름대로 가족을 위해 온갖 위험을 무릅썼던 그였다. 그런데 어느 누구도 그에게 고마움을 느끼지 않았다. 오히려 원망하고 있지 않은가. 그럴 바에야 가족 공동체에서 벗어나는 수밖에 없다고 생각했다. 그리고 남은 가족재산 중 단 250달러를 받는다는 조건으로 분가를 했다.

그 후 아리는 이민을 가기로 마음먹었다. 20세기 초 아르헨티나는 풍부한 지하자원을 기반으로 세계 10대 경제대국에 들 만큼 호황을 누렸다. 전쟁에 시달리던 소아시아 사람들에게는 젖과 꿀이 흐르는 기회의 땅이었다. 그리스 사람들이 그곳에 가서 장사나 무역으로 재미를 보고 있다는 이런저런 소문도 심심치 않게 들려왔다. 문제는 여권이었다. 아리는 터키에서 쫓겨난 스미르나 피난민으로 그때까지 그리스 국적을 받지 못한 상태였다. 물론 여권을 낼 수 없었다. 하는 수 없이 그는 자기가 가진 250달러 가운데 거금 75달러를 주고 임시여권을 샀다.

1924년 8월 28일 아리는 마침내 그리스 피레우스 항을 떠나 이탈리아 나폴리로 가는 로이드 트리스티호에 올랐다. 가족 모두와 헤어지지만 마음은 홀가분했다. 마치 보물을 찾아 무인도로 모험을 떠나는 소년처럼 설레기까지 했다. 그럴 때마다 저고리에 손을 넣어 양피지 두루마리가 든 가죽주머니를 만져보았다. 배는 티리에스테와 브랜디지를 거쳐 사흘 후 이탈리아가 자랑하는 아름다운 항구 나폴리에 닿았다. 그렇지만 나폴리는 구경도 못한 채 그날로 다시 남미로 향하는 토마스 디 사보야호로 갈아탔다.


"몬테카를로다, 몬테카를로야!"

뱃전에 나와 바다를 구경하던 이민자들이 소리쳤다. 자신들의 처지와는 너무도 동떨어진 환상의 도시를 보고 저절로 터져 나오는 환호였다. 몬테카를로는 석회암 절벽으로 이어진 해변을 따라 마치 아름다운 여인처럼 누워 있었다. 아리는 첫눈에 반해 가슴이 방망이질 쳤다. 그렇지만 입을 꼭 다물고 아무 소리도 내지 않았다.

자유와 풍요, 그리고 낭만이 넘치는 환락의 도시를 그저 묵묵히 바라보았다. 품속에 손을 넣어 양피지 두루마리를 꼬옥 쥐었다. 언젠가 다시 돌아와 저 매혹적인 여인을 반드시 정복하리라고 굳게 다짐했다.

배는 14노트로 바다물결을 헤쳐 나갔다. 프랑스의 니스와 칸을 지나 다음날에는 스페인의 바르셀로나도 거쳤다. 그리고 마침내 지브롤터 해협을 통과해 대서양을 건너기 시작했다. 아무리 가도 끝이 없을 듯한 항해가 계속되었다. 2주가 꼬박 지나서야 마침내 남미 해안에 다다랐다. 라스팔마스, 리우데자네이루, 산투스, 몬테비데오가 차례로 나타났다. 부에노스아이레스에는 1924년 9월 21일에 도착했다. 가을을 맞을 채비를 하던 그리스 피레우스 항을 떠난 지 꼭 21일 만이었다. 하지만 남반구는 이제 막 봄(9~11월)이 한창이었다. 부에노스아이레스는 마냥 흐드러진 봄꽃들 속에 파묻혀 있었다.

아리는 배 안에서 보낸 21일 동안 유대인 랍비에게서 받은 양피지 두루마리를 읽고 또 읽었다. 가끔은 갑판에 나가 배를 따라 헤엄치는 돌고래 떼를 구경했다. 밤에는 갑판에 누워 금방이라도 쏟아져 내릴 것 같은 별들을 바라보기도 했다. 그 밖에는 오직 양피지 두루마리를 읽는 데에만 매달렸다. 그냥 읽은 것이 아니라 읽고 또 읽었다. 처음부터 끝까지

한 자도 빠짐없이 외우고 마음에 새겼다. 부에노스아이레스
에 도착하여 배에서 내릴 때에 아리는 스스로 전혀 다른 사
람처럼 느꼈다.

# 3
## 골든 시크릿

아리는 내게 양피지 두루마리에 대해 마치 눈앞에 펼쳐놓은 것처럼 자세히 설명했다. 양피지에는 그리스어로 쓰인 여덟 쪽의 문서가 차례대로 나열되어 있다. 두루마리라서 옆으로 길게 늘여 쓸 수도 있었겠지만 놀랍게도 쪽마다 요즈음 책과 거의 같은 폭과 길이 또 줄 간격으로 씌어 있다. 다만 책처럼 각 쪽이 앞뒤로 붙어 있지 않고 옆으로 나란히 놓여 있을 뿐이다. 펼쳐놓으면 마치 책을 찢어내 순서에 따라 옆으로 늘어놓은 것 같았다.

서두에는 '자바자'라는 문구가 적혀 있다. '캅베드'라 읽는 히브리어다. 캅베드는 '존귀하다', '무겁다'라는 뜻을 가진 히브리어 '카베드(자바자)'의 강한 능동 명령형이다. 랍비들은 카베드를 신을 영화롭게 경외한다는 데에 주로 사용한다. 따라서 '공경하라'라고 번역할 수 있는 히브리어 캅베드는 마치 신을 대하듯이 '반드시 존귀하게 하라', '절대로 무겁게 하라'라는 의미를 가졌다. '캅베드'가 이 두루마리 문서의 이름이다. 그 밑에는 조그맣게 "Χρυσό μυστικό"이라고 씌어 있었다. 골든 시크릿(Golden Secret)을 뜻하는 그리스어 '크리쏘 미스티코'다.

나는 그 말이 맘에 들었다. 하지만 왜 그런 말이 붙어 있는지는 아리에게 물어보지 않았다. 나는 그때 이야기에 너무 몰두해 있었기 때문에 아리의 말을 끊고 싶지 않았다. 그래서 아마 금물로 씌어 있다는 뜻이었거나 그만큼 귀하고 비밀스런 내용이라는 의미일 것이라고 혼자 생각했다. 그런데 전혀 그렇지 않았다. 나중에 알고 보니 '골든 시크릿'이라는 말에는 세상에서 가장 많은 보물과 아름다운 여인들을 가졌던 이스라엘 왕 솔로몬과 연관된 신비스러운 이야기가 얽혀 있었다.

아리가 가진 「캅베드」에는 랍비 시므온 벤 요하이가 그것을 쓰게 된 까닭과 그것이 전해진 사연이 간략하게 적혀 있다. 후세에 누군가가 적어 넣은 것이었다.

아리는 스미르나의 쿠나크 형무소에서 자기가 랍비 노인

으로부터 받은 두루마리는 그리스어 필사본일 거라고 말했다. 하지만 누가 언제 필사했는지는 알지 못했다. 아리는 카발라나 자기가 가진 양피지 두루마리의 내력에 대해서는 별 관심이 없었다. 나는 그렇지 않았다. 그래서 알아보았다.

전해오는 이야기로는 카빌라(Kabbalah)가 아담으로부터 이미 시작되었다. 아담이 신에게서 들은 비밀스런 창조의 원리들을 후손들에게 전했다. 그렇지만 누구도 그 신비한 뜻을 알 수 없었다.

# כָּבֵד

위대한 랍비 시므온 벤 요하이는 아들인 랍비 엘레아자르와 함께 사막의 동굴로 들어갔다 로마군을 피해서였다 동굴에는 먹을 음식은 물론이고 마실 물도 없었다 지니고 있는 떡과 물이 떨어지면 그 안에서 죽을 수밖에 없는 처지였다 랍비 시므온과 엘레아자르는 목숨이 붙어 있을 때까지 가장 값어치 있는 일을 하기로 작정하고 그것이 무엇일까 상의했다 그 결과 토라만을 연구하다 죽기로 작정하고 주께 기도를 올렸다

그랬더니 기적이 일어났다 메마른 동굴 안에서 갑자기 샘물이 솟고 그 주변에 쥐엄나무가 자라났다 먹을 것과 마실 것을 걱정하지 않게 되었다 랍비 시므온과 엘레아자르는 옷을 벗고 모래 속으로 들어갔다 오직 연구에만 전념하기 위해서였다 그 후부터 목만 내놓고 앉아 토라를 연구했다 토라는 그들의 조상이 대대로 만든 율법들을 모아놓은 것이다 기도할 시간이 되면 모래에서 나와 옷을 입고 기도를 드리고 다시 모래 속으로 들어갔다

두 해가 지나자 위대한 랍비 시므온은 신이 직접 돌판에 새겨 모세에게 내린 십계명 하나하나 안에 신이 인간을 창조할 때 사용했던 열 개의 신성한 빛을 감춰놓았다는 것을 깨달았다 우주를 창조할 때 사용했던 열 개의 신성한 빛과 맞물린 원리들이다 랍비 시므온은 이 비밀스런 창조의 원리들을 연구하기 시작했다

십 년에 걸쳐 열 가지 우주의 빛과 열 가지 인간의 빛을 차례로 모두 알아냈다 랍비 엘레아자르는 그 비밀들을 양피지에 적어 각각 열 개의 두루마리로 만들었다 두루마리마다 이름을 붙여놓았다 캅베드는 인간 창조원리 가운데 다섯 번째 두루마리의 이름이다 그 안에는 공경이라는 창조의 원리가 적혀 있다 위대한 랍비 시므온 벤 요하이는 솔로몬의 지혜가 바로 캅베드라고 했다

열두 해가 지나 모든 일이 끝나자 랍비 시므온과 랍비 엘레아자르는 동굴 밖으로 나왔다 그들은 스무 벌의 두루마리 문서들을 이스라엘 유대교 회당에 전한 다음 함께 하늘로 올라갔다 유대교에서는 랍비 시므온이 남긴 두루마리 문서들을 일반인에게 공개하지 않았다 신비주의 문서로 구분하여 이스라엘 회당 지하창고에 비밀리 보관하였다 대제사장을 제외하고는 아무도 그것을 볼 수 없었다 이스라엘 밖에 있는 중요한 유대교 회당에는 필사본이 비밀스럽게 전달되어 보관되었다

# 4
## 솔로몬의 비밀

　해와 달이 무수히 바뀌었다. 어느 날 이스라엘과 유다 왕
국을 다스리던 솔로몬이 새벽녘 잠결에 신의 비밀스런 뜻을
깨우쳤다. 기원전 900년경이었다. 솔로몬은 양치기 목동이었
던 다윗 왕과 헷 사람 우리아의 아내 밧세바 사이의 부정한
관계를 통해 태어났다. 빛이 많은 곳에는 그늘도 많기 마련
인가? 거인 골리앗을 돌팔매로 쓰러트린 용기와 수금을 들고
시편을 지은 경건과 자기를 죽이려던 사울 왕을 살려주는 덕
성까지 갖춘 다윗이었다. 하지만 아름다운 여인 앞에서는 횃
불 같던 그의 눈이 갑자기 어두워졌다.

　노을이 아직 남아 있는 하늘에 초저녁달이 성급히 떠오르
고 있었다. 왕은 여느 때처럼 부드러운 봄바람을 즐기며 왕

궁 옥상을 거닐었다. 그러다 우연히 건너편 민가에서 목욕을 하고 있는 한 여인을 보았다. 황금빛 저녁햇살을 받은 여인의 젖은 몸은 황홀하리만치 아름다웠다. 사람을 보내 알아보니 그녀는 남편이 전장에 나간 밧세바였다. 왕은 그녀를 불러다 함께 잤다. 여인이 임신을 하자 왕은 그녀의 남편을 전장에서 죽게 했다.

우연이었을까? 밧세바가 하필이면 왕이 산책하는 시간에, 궁에서 훤히 내려다보이는 장소에 나와 목욕을 한 것이 단지 우연이었을까? 모를 일이다. 하지만 세상에는 우연을 필연으로 만드는 신통하고 영묘한 사람들이 있다. 밧세바가 그랬다. 다윗 왕에게는 8명의 부인과 10명의 첩이 있었다. 그 밑에서 태어난 아들들만도 열일곱이나 되었다. 그렇지만 밧세바는 수단을 써서, 자기가 낳은 아들 솔로몬이 결국에는 왕위를 잇게 만들었다. 아들이 그 어미의 신령한 피를 이어받았다.

왕이 되자마자 솔로몬은 신을 모시고 제사를 드리는 기브온 산당에 일부러 가서 번제를 드렸다. 일천 번을 드렸다. 번제를 모두 마친 날 밤 새벽이었다. 그는 깊은 잠을 자고 있었다. 꿈에 갑자기 거룩한 신이 나타났다. 우연이었을까? 신은 그에게 대뜸 무엇을 소망하느냐고 물었다. 솔로몬은 장수하기를 원하지 않았다. 부자가 되기를 원하지 않았다. 적을 없애주기를 원하지 않았다. 오직 지혜만을 소망했다. 그러자 자비하신 신은 그에게 지혜뿐 아니라 부귀와 영광도 함께 주었다. 꿈에서 깨어난 솔로몬은 신이 전한 지혜를 황급히 적어 아무도 몰래 간직했다. 새벽별만 보고 있었다. 랍비 시므온 벤 요하이는 그것이 바로 '골든 시크릿'이라고 했다.

이후 솔로몬은 세상의 어느 왕보다도 재산과 여자가 많은 임금이 되었다. 하루가 멀다 하고 각 나라에서 금과 은과 보석과 향료와 원숭이와 공작새와 백향목과 잣나무가 배와 마차에 실려 예루살렘으로 왔다. 한 해가 멀다 하고 애굽과 모압과 암몬과 두로와 에돔과 시돈과 헷에서 고귀한 공주들과 아름다운 여인들이 그의 아내나 첩이 되기 위해 솔로몬의 궁으로 몰려왔다. 솔로몬은 700명의 부인과 300명의 첩을 거느렸다. 모두가 신이 그에게 알려준 지혜 덕분이었다.

사막의 바람이 소문을 날랐다. 솔로몬의 부와 영광 그리고 지혜에 대한 명성이 아라비아 반도로 퍼졌다. 반도의 남서쪽 깊은 곳에 있는 시바 나라의 여왕 귓가에도 바람이 속삭여댔다. 여왕은 소문을 확인하러 먼 길을 떠났다. 수많은 수행원들과 낙타 카라반들이 여왕을 따라 예루살렘으로 향했다. 낙타에는 금, 은, 보석, 유향, 몰약, 발삼, 계피 등이 쏟아져 내릴 만큼 가득히 실려 있었다. 시바의 젊은 여왕은 정오의 태양처럼 빛났다. 그녀가 마차에서 내릴 때 예루살렘 사람들은 모두 자기도 모르게 눈을 내리깔았다. 햇빛 같은 아름다움에 눈을 다칠까 염려했기 때문이었다.

여왕은 세 가지 신묘한 수수께끼로 솔로몬의 지혜를 시험했다. 솔로몬은 2,600리를 달려온 수수께끼들을 아무것도 아니라는 듯이 듣자마자 해결했다. 전날 밤에 그의 심복이 칠흑 같은 어둠 속에서 시바교의 제사장에게 노란 금덩이를 건네고 해답을 얻어냈기 때문이었다. 탄복한 여왕은 가져온 금은과 향료와 보석을 모두 솔로몬에게 바쳤다. 몸과 마음도 함께 바쳤다. 얼마 후에 두 사람 사이에 아들 메넬리크가 태어났다. 메넬리크는 나중에 에티오피아 왕족 가문의 조상이 되었다.

솔로몬이 죽자 위대한 왕국이 삽시간에 망했다. 그가 이교도의 여인들을 불러들여 신을 노엽게 했기 때문이었다. 그의 죽음과 함께 땅 위에서 가장 많았던 그의 보물들이 감쪽같이 사라졌다. 하늘 아래에서 가장 빛났던 그의 지혜도 바람처럼 사라졌다. 발이 빠른 사람들은 사라진 솔로몬의 보물을 찾아 나섰다. 머리가 빠른 사람들은 잊혀진 솔로몬의 지혜를 찾아 헤맸다. 그러나 아무도, 어느 것도, 찾지 못했다. 입이 빠른 사람들이 퍼트린 소문만 자자했다. 다시 천 년이 뜬구름처럼 흘렀다. 그때 사막의 어느 동굴에서 랍비 시므온 벤 요하이가 카발라의 신비한 뜻을 깨우쳤다. 그 안에 솔로몬이 신에게서 받은 골든 시크릿이 들어 있었다. 신의 뜻이었다.

랍비 시므온 벤 요하이가 남긴 양피지 두루마리들은 지금도 여전히 예루살렘 회당의 지하창고에 묻혀 있다. 하지만 카발라의 빛은 제 스스로의 힘으로 조금씩 세상에 나와 떠돌았다. 고대에는 바빌론에, 중세에는 이탈리아, 독일, 프랑스, 그리고 스페인에 사는 신령한 유대인들을 통해 비밀스럽게 전해졌다. 오늘날 가장 영향력 있는 카발라 경전은 『조하르(Zohar)』이다. 이 책은 1305년에 사망한 스페인의 카발라주의자인 모세 데 레옹이 썼다. 그는 위대한 랍비 시므온 벤 요하이가 남긴 양피지 두루마리들에 적힌 신비스런 내용들을 자신이 책으로 엮었다고 했다.

그렇다면 이상하다. 『조하르』에는 왜 우주창조의 원리인 열 가지의 세피로트(Sefirot)에 관한 이야기만 적혀 있을까? 아리가 스미르나 감옥에서 만난 랍비 노인이 말한 열 가지의 인간창조의 원리에 대해서는 한 마디도 없다. 모를 일이지만 내 생각은 이렇다. 『조하르』를 쓴 모세 데 레옹은 아마 랍비 시므온이 남긴 두루마리들 가운데 우주의 빛에 관한 열 개의 양피지 두루마리들만을 볼 수 있었던 것 같다. 그 탓에 오늘날 카발라에는 유감스럽게도 정작 인간의 삶에 필요한 인간의 빛에 대한 가르침이 빠져버린 것이다.

아리가 가진 양피지 두루마리는 『조하르』에는 나와 있지 않은 열 가지 인간의 빛을 기록한 두루마리들 가운데 하나였다. 콘스탄티노플 회당에 보관하려던 열 개의 두루마리 가운데 하나일 수 있다. 아니면 노인이 별도로 갖고 있었던 것인지도 모른다. 양피지에 그리스어로 쓴 것을 보아 양피지를 흔히 사용하던 중세에 누군가가 베껴서 그리스 어느 회당에 보관했던 필사본이라고 추정할 수 있다. 어떤 이유에선지 랍비 노인은 그것을 콘스탄티노플로 옮기려고 했다. 어쩌면 전쟁 때문이었는지 모른다.

아리는 노인이 누구인지 이름조차 몰랐다. 그날은 정신이 없어 물어보지 못했고 그 후 다시 만나지 못했다. 콘스탄티노플 제사장인 랍비 유다 벤 게림의 스승이라는 것으로 보아 그가 상당히 높은 지위에 있었을 것이라는 정도만 짐작하고 있었다. 노인은 아리에게 양피지 두루마리들을 넘겨준 그날 밤 초승달을 바라보며 평안히 신에게로 돌아갔다. 나중에 감방에서 풀려난 아버지가 아리에게 그리 전했다.

## 공경은 신이 인간을 창조할 때
## 원리로 사용했던 창조의 비밀이다

신은 네 부모를 공경하라 그리하면

너의 주 여호와께서 네게 주는 땅에서 오래 살리라고 했다

수명을 준 부모를 공경하면 더 많은 수명을 얻는다는 것이 근본 원리다

따라서 부모 공경은 공경 받는 부모보다

공경하는 자식에게 이익이 된다

공경이란 공경 받는 자보다 공경하는 자에게 이익이 되는 원리다

**공경의 원리는 세상 만물에 적용된다**

땅을 공경하면

땅이 주는 갖가지 곡식과 먹을 과일을 더 많이 얻을 수 있다

물을 공경하면

물이 주는 달콤한 식용수와 싱싱한 물고기를 더 많이 얻을 수 있다

숲을 공경하면

숲이 주는 신선한 공기와 집을 지을 목재를 더 많이 얻을 수 있다

일을 공경하면

일이 주는 대가와 이익을 더 많이 얻을 수 있다

사람을 공경하면

사람이 주는 귀중한 보물을 더 많이 얻을 수 있다


**더 많이 공경할수록 더 많은 수확을 얻는다**

돈을 더 많이 공경하는 사람은 더 많은 돈을 얻는다

명예를 더 많이 공경하는 사람은 더 많은 명예를 얻는다

권력을 더 많이 공경하는 사람은 더 많은 권력을 얻는다

친구를 더 많이 공경하는 사람은 더 많은 친구를 얻는다

여인을 더 많이 공경하는 사람은 더 많은 여인을 얻는다

지혜를 더 많이 공경하는 사람은 더 많은 지혜를 얻는다


**솔로몬이 그랬다**

**그래서 솔로몬은 모든 것을 다 가졌다**


**신은 인간을 창조할 때 공경과 수확을 함께 묶어놓았다**

**따라서 인간은 무엇인가를 얻으려면 그것을 공경해야 한다**

**그러면 그로부터 자기가 원하는 것을 얻을 수 있다**

# 5
## 부에노스아이레스의 봄


아르헨티나는 황금시대를 맞고 있었다. 수도 부에노스아이레스는 거대하고 화려했다. 200만 명이나 되는 사람들이 스페인어를 사용하면서 풍요로움 속에 살고 있었다. 70만 명 정도가 전쟁에 휩쓸려 비참과 궁핍 속에 살아가던 스미르나와는 느낌부터 달랐다. 아리는 훗날 모나코, 니스, 칸 같은 지중해안의 보석 같은 도시들이나 프랑스 파리에 갔을 때 느낀 흥분과 설렘을 이 도시에서 처음 맛보았다. 자유와 풍요, 그리고 낭만에서 나오는 아주 특별한 느낌이었다. 아리는 그 느낌을 평생 기억하고 또 즐겼다.

물론 아직은 아니었다. 아리에게는 그의 머릿속에 들어

있는 「캅베드」의 문구 하나하나를 이해할 시간이 필요했다. 「캅베드」가 상징적으로 씌어 있기 때문이다. 또한 몸으로 익힐 시간도 필요했다. 공경은 몸으로 해야 하기 때문이다. 그는 시내 한구석에 있는 빈민가에 월세 25달러를 주고 초라한 방을 구했다. 남은 돈은 이제 70달러도 채 안 되었다. 생활비까지 생각하면 두 달을 버티기 어려운 돈이었다.

하지만 그는 걱정하지 않았다. 「캅베드」를 품에 안은 다음부터 그는 랍비 노인의 말대로 자기가 원하는 것은 무엇이든 얻을 수 있다고 믿었기 때문이다. 부에노스아이레스에는 바다, 평온, 햇살의 따사로움, 풍요, 하얀 요트들, 달콤한 과일들, 아름다운 여자들…… 그에게 기쁨을 주는 것들이 넘쳤다. 그는 그것들 모두를 원했다.

아리는 날마다 부두로 나갔다. 일자리를 알아보기 위해서였다. 부두에는 수백 척의 크고 아름다운 배들이 줄지어 있었다. 그는 배마다 찾아가서 만나는 선장이나 항해사들에게 일자리가 있는지를 물어보았다. 자기 딴에는 술주정뱅이 선원들보다는 젊고 단정한 자기를 써주리라 생각했다. 하지만 그의 기대는 번번이 무너졌다. 그래도 그는 결코 실망하지 않았다. 대신 가슴에 품은 「캅베드」를 다독거리며 그가 원하는 것이 곧 찾아올 것을 철통같이 믿었다.

어느 날 그리스에 있는 가족들에게 편지를 부치려고 우체국에 갔다. 돌아오는 길에 또래의 그리스 청년을 우연히 만났다. 이름이 호메로스였다. 그는 이미 1년 전에 가족들과 함께 부에노스아이레스에 이민 와서 영국 소속 전화회사에 근무하고 있었다. 아리가 일자리를 찾고 있다는 말을 듣고 그가 말했다.

　"나하고 같이 일해보는 것은 어때?"

　"무슨 일인데?"

　"간단해! 사흘만 배우면 누구나 할 수 있는 일이야."

　"수입은 어때?"

　"별로야."

　이튿날 아리는 전화회사로 가 담당자를 만났다. 그는 한 시간에 60센트짜리 일자리를 주겠다고 했다. 당시 아르헨티나 화폐로 60센트면 미화로는 25센트였다. 계산해보니 한 달 수입이 40달러 정도 되었다. 생활비도 안 되는 액수였다. 하지만 아리는 선원 일은 당장 잊어버리기로 했다. 첫술부터 배부를 수는 없다고 생각했다.

　그런데 문제가 생겼다. 회사에서 신분증명서를 요구했다. 알아보니 정부에서 이민자들에게 신분증명서를 내주는 관청이 있었다. 그곳에 가서 새로운 신분증을 만들었다. 그런데 이때 아리의 나이와 출생지가 바뀌었다. 아리는 출생일을 실제보다 6살 더 많게 1900년 9월 21일로 적었다. 9월 21일은 그가 부에노스아이레스 항에 처음 도착한 날이다. 출생지도 터키로 넘어간 스미르나 대신 그리스의 대도시 살로니카로 썼다. 객지에서 기죽기 싫어 별 생각 없이 그렇게 꾸몄다. 그렇지만 그것들이 평생 따라다니는 공식 기록으로 굳어질지는 몰랐다.

1924년 11월 1일부터 아리는 전화회사로 출근했다. 부에노스아이레스에 도착한 지 한 달이 조금 넘어서였다. 이때부터 아리는 「캅베드」에 담긴 내용들을 하나씩 실제로 써보기로 작정했다. 한데 막상 그렇게 마음을 먹고 나니 걱정이 앞섰다. 마치 아빠에게 헤엄치는 방법을 배운 다음 처음으로 물에 들어가는 소년과 같은 기분이 들었다. 소년이 배운 대로만 하면 과연 물에 뜰까 염려하는 것처럼 「캅베드」에 적힌 대로만 하면 원하는 것을 얻을 수 있을까 걱정되었다. 무엇보다도 자기가 「캅베드」를 올바로 이해하고 있는지가 의심스러웠다. 경험과 자신감이 필요했다.

아리는 작은 것부터 시험해보기로 했다. 우선 회사가 자기에게 맡긴 일을 공경해보기로 했다. 「캅베드」에 **"일을 공경하**

면 일이 주는 대가와 이익을 더 많이 얻을 수 있다."고 적혀 있기 때문이었다. 당시 그가 원하던 것은 우선 생활하기에 충분한 돈을 버는 것이었다. 회사에서 그가 맡은 일은 전화선을 색깔대로 구분하여 같은 색깔끼리 용접을 하는 단순한 작업이었다. 일 자체로는 아무런 흥미도 없을 뿐 아니라 조금만 익숙해지면 옆 사람과 잡담을 나누거나 아무 생각 없이도 처리할 수 있었다. 동료들도 모두 그렇게 했다.

아리는 그러지 않았다. 비록 회사 일이지만 일을 공경하려고 마음먹고 나니 그 일이 마치 자기 집 일처럼 생각되었다. 궁금한 것들도 하나둘씩 생겨났다. 예를 들어 빨간 전화선은 무슨 일을 하는데 빨간 선끼리 연결하는지, 왜 빨간 선을 파란 선이나 노란 선에 연결하면 안 되는지 등이었다. 그는 쉬는 시간마다 기술자들에게 다가가서 담배나 커피를 권하면서 그런 것들을 물어보았다. 기술자들은 이민 온 신참이 자기들에게 이것저것을 물어보자 한껏 우쭐해져서 기대 이상으로 친절하게 가르쳐주었다. 얼마 되지 않아 아리는 교환기의 작동원리를 훤히 깨닫게 되었다.

그 무렵 회사가 수동교환기를 자동교환기로 교체하는 대대적인 공사를 진행하고 있었다. 사람이 부족했다. 그래도 교환기 작동원리를 모르는 노무자들은 그 일을 할 수 없었다.

아리를 회사에 소개해준 호메로스는 이미 반년 넘게 근무했어도 그 일에서 제외되었다. 하지만 아리는 선발되었다. 아리가 쫓아다니면서 이것저것을 물어보았던 기술자들이 그를 뽑았다. 입사한 지 한 달도 안 되어 노무자에서 기술자로 승진을 한 셈이다. 한 달 수입이 70달러로 거의 배나 늘었다. 생활비를 제하고도 20달러 정도가 남는 돈이었다.

"참으로 환상적인 기분이었소. 돈을 조금 더 많이 벌게 되었다고 해서가 아니었소. '**신은 인간을 창조할 때 공경과 수확을 함께 묶어 놓았다. 따라서 인간은 무엇인가를 얻으려면 그것을 공경해야 한다.**'라는 말을 체험을 통해 믿을 수 있게 되었기 때문이었소. 그 후 일어난 놀라운 일들에 비하면 아주 보잘것없는 성공이었지만 처음으로 한 체험이라는 게 중요했던 거요. 그 일은 내게 말로 할 수 없는 자신감을 주었소. 「캅베드」의 마법이 통한다는 자신감 말이오."

아리는 얼마 후 야간근무를 신청했다. 특별수당을 주었지만 동료 기술자들은 기피하는 일이었다. 그들은 다가오는 휴가를 멋지게 보내기 위해서 밤에는 시내에 나가 아가씨들을 사귀었다. 그러나 아리는 새로 시작한 교환기 교체공사의 전모를 빨리 파악하고 싶었다. 그러기 위해서는 야간근무가 제격이었다. 수십 명이 분담하여 작업하는 주간근무 때와는 달리 야간근무에는 단 몇 사람이 전체를 관리해야 하기 때문이다. 밤거리로 나가 아가씨들을 사귀는 일은 아쉽지만 뒤로 미뤘다.

그런데 뜻밖이었다. 아리가 일하는 맞은편에는 아직 운용하는 수동교환기를 위해 교환수 아가씨들이 날씬한 다리를 뽐내며 줄지어 앉아 있었다. 아르헨티나 여자들뿐 아니라 스페인, 이탈리아, 프랑스에서 온 여자들이 합해서 200여 명이나 되었다. 그 가운데는 예쁜 여자, 날씬한 여자, 깜찍한 여자, 귀여운 여자들도 많았다. 그런데 아가씨들도 야간근무 때에는 왠지 심심하고 외로웠다. 그래서 뭐 재미있는 일이 없을까 하여 힐끔힐끔 남자들의 눈치를 살폈다.

야간근무를 하는 남자는 아리를 포함해 불과 대여섯 명뿐이었다. 자연히 남자들은 마음에 드는 여자들을 얼마든지 취향대로 고를 수 있었다. 아리는 주말마다 교환수 아가씨들과 티그레 해변으로 피크닉을 가거나 파티를 열었다. 예상치 않은 수확이 덤으로 온 것이다. 아리는 "**더 많이 공경할수록 더 많은 수확을 얻는다.**"라는 말의 의미도 그때 처음 알았다고 했다. 점차 아리는 「캅베드」에 빠져들었다.

# כָּבֵד II

## 공경의 방법에는 세 가지가 있다

첫째는 공경하는 대상의 말을 잘 듣는 것이다
둘째는 공경하는 대상을 기쁘게 하는 것이다
셋째는 설사 그렇지 않더라도 마치 그런 것처럼
생각하고 행동하는 것이다

## II - I 공경은 공경하는 대상의 말을 잘 듣는 일이다

말을 잘 들으려면
공경하는 대상의 말에 귀를 기울여
그가 소망하는 것이 무엇인지를 알아야 한다
부모를 공경하는 일은
부모의 말에 귀를 기울여
부모가 소망하는 것이 무엇인지를 아는 것에서 시작한다
이것이 근본 원리다

## 공경의 원리는 세상 만물에 적용된다

땅을 공경하려면

땅의 말에 귀를 기울여 땅이 소망하는 것이 무엇인지를 알아야 한다

그러면 땅이 주는 갖가지 곡식과 먹을 과일을 더 많이 얻을 수 있다

물을 공경하려면

물의 말에 귀를 기울여 물이 소망하는 것이 무엇인지를 알아야 한다

그러면 물이 주는 달콤한 식용수와 싱싱한 물고기를 더 많이 얻을 수 있다

숲을 공경하려면

숲의 말에 귀를 기울여 숲이 소망하는 것이 무엇인지를 알아야 한다

그러면 숲이 주는 신선한 공기와 집을 지을 목재를 더 많이 얻을 수 있다

일을 공경하려면

일의 말에 귀를 기울여 일이 소망하는 것이 무엇인지를 알아야 한다

그러면 일이 주는 갖가지 대가와 이익을 더 많이 얻을 수 있다

사람을 공경하려면

사람의 말에 귀를 기울여 사람이 소망하는 것이 무엇인지를 알아야 한다

그러면 사람이 주는 귀중한 보물을 더 많이 얻을 수 있다

## 더 많이 듣고 더 많이 이해할수록 더 많은 수확을 얻는다

돈의 말을 더 많이 듣고 더 많이 이해하는 사람은 더 많은 돈을 얻는다

명예의 말을 더 많이 듣고 더 많이 이해하는 사람은 더 많은 명예를 얻는다

권력의 말을 더 많이 듣고 더 많이 이해하는 사람은 더 많은 권력을 얻는다

친구의 말을 더 많이 듣고 더 많이 이해하는 사람은 더 많은 친구를 얻는다

여인의 말을 더 많이 듣고 더 많이 이해하는 사람은 더 많은 여인을 얻는다

지혜의 말을 더 많이 듣고 더 많이 이해하는 사람은 더 많은 지혜를 얻는다


솔로몬이 그랬다

그래서 솔로몬은 모든 것을 다 가졌다


신은 인간을 창조할 때

공경과 경청과 이해와 수확을 함께 묶어놓았다

따라서 인간은 무엇인가를 공경하려면

그것의 말을 잘 듣고 이해해야 한다

그러면 그로부터 자기가 원하는 것을 얻을 수 있다

# 6
## 연초 장수 청년

크리스마스가 낀 여름휴가가 끝나고 해가 바뀌었다. 아리
는 19살이 되었다. 그는 여전히 야간근무를 했다. 밤 11시에
출근해서 아침 7시에 퇴근했다. 그런데 가을(3~5월)로 들어서
며 야간근무가 그리 오래갈 것 같지 않았다. 시작한 지 6개월
쯤 지나자 교환기 교체작업이 거의 끝나갔다. 아리는 머지않
아 다시 월 40달러를 버는 노무자로 돌아가야 할 처지가 되
었다. 그는 퇴근 후 오전에는 잠을 자고 오후에는 부두로 나
갔다.

부두는 먼 나라에서 온 여행객들과 상인들로 북적거렸다.
아리는 언제나, 그런 흥청거리는 분위기가 좋았다. 가끔 사람
이 뜸할 때면 선착장 섬돌에 앉아 고향에서 온 편지를 읽거

나 날마다 더욱 짙어가는 가을 바다를 바라보았다. 그러다가도 배가 도착하고 사람들이 몰려들 때면 그곳으로 달려가 이사람 저 사람과 어울리며 새로운 일자리를 알아보았다.

그러던 어느 날 쿠바에서 온 담배 장수들에게서 귀가 번쩍 틔는 소식을 들었다. 아르헨티나가 브라질과 쿠바에서 막대한 양의 담배를 수입하지만 동양에서는 거의 들여오지 않는다는 것이었다. 곧바로 묘한 생각이 떠올랐다. 아리의 아버지는 스미르나에서 가장 이름난 담배 무역상이었다. 그는 품질 좋은 동양산 연초를 지중해 연안 국가들과 유럽 여러 나라에 팔아 큰 이익을 남기곤 했다. 어려서부터 그것을 보고 자란 아리는 자연히 연초에 대해서라면 모르는 것이 없었다.

아리는 즉시 아버지에게 편지를 썼다. 발칸산 연초를 팔아볼 테니 견본을 보내달라는 내용이었다. 다음 날부터 그는 부두에 나가지 않았다. 대신 담배공장들을 찾아다녔다. 구매 담당자를 만나 동양산 연초의 품질의 우수성에 대해 홍보했다. 견본이 도착한 다음부터는 견본을 직접 들고 찾아가 흥정을 붙여보았다. 발칸산 연초는 쿠바산이나 브라질산 연초에 비해 품질이 좋고 가격도 쌌다. 하지만 반응은 냉담했다. 기껏해야 두 곳에서 나중에 회답할 테니 견본이나 놓고 가라는 정도였다. 회답은 없었다.

아리는 다른 방법을 쓰기로 작정했다. 다시 「캅베드」의 힘을 빌리는 것이었다. 우선 그동안 다니던 전화회사를 그만두었다. 첫 직장을 그만두려니 조금 서운하긴 했지만 두렵지는 않았다. 보다 큰 것을 얻기 위해 작은 것을 버린다고 믿었다. 그런 다음 공경할 대상을 조심스레 물색했다. 이번에는 사람이었다. 아리는 여기저기 알아본 후 피카르도 사의 사장인 후안 가노아를 공경의 대상으로 선정했다.

피카르도는 부에노스아이레스에서 가장 큰 담배 제조회사였다. 아리는 가노아 사장을 공경함으로써 그가 줄 수 있는 소중한 보물들을 얻어내기로 했다. **"사람을 공경하면 사람이 주는 귀중한 보물을 더 많이 얻을 수 있다."**라는 「캅베드」의 가르침을 따르기로 작정한 것이다.

다음 날 아침 아리는 그간 모은 돈에서 거금 45달러를 주고 새 양복을 사 입었다. 고급스럽고 멋진 옷이었다. 그 다음 가노아 사장의 사무실로 찾아갔다. 우선 비서에게 용건을 정중히 말하고 사장과의 면담을 요청했다. 얼굴이 예쁘장한 여비서는 아리를 한 번 힐끔 쳐다보고 구매담당자를 찾아가 보라며 쌀쌀맞게 거절했다.

하지만 아리는 물러나지 않았다. 그는 매일 아침 일찍 가

노아 사장의 사무실로 갔다. 그리고 하루 종일 사무실 앞에
서 조용히 서 있다 저녁에 집으로 돌아갔다. 그러다가 간혹
사무실을 드나드는 사장과 눈이 마주치면 그때마다 활짝 웃
으며 목례를 했다.

　휴일이나 사장이 비번인 날에는 그의 집으로 찾아갔다. 대
문 근처에 서 있다가 사장이 나오면 다시 밝은 얼굴로 목례
를 드렸다. 골프장이나 요트장에서도 마찬가지였다. 사장이
어디를 가든지 아리가 기다리고 있다가 방긋 웃으며 정중히
목례를 했다. 같은 일이 계속되자 마침내 가노아가 이 이상
한 청년에게 호기심이 생겼다. 3주쯤 지난 어느 날 가노아가
비서를 시켜 사무실 앞에 서 있던 아리를 불렀다.

　"자넨 누군가? 도대체 내 사무실 앞에서 매일같이 뭘 하는
거야?"

　가노아가 화가 난 듯한 말투로 물었다. 아리는 정중하지만
비굴하지 않게 대답했다.

　"저는 사장님께 동양에서 온 최고의 연초를 보여드리고 싶
어서 때를 기다리고 있습니다."

　"뭐? 동양에서 온 최고의 연초?"

　가노아가 어이가 없다는 듯이 말했다.

　"자넨 내게 연초를 팔려고 쫓아다닌 건가? 그 일이라면 우

리 회사 구매담당자에게 가보아야지 왜 나에게 왔나!"

"저는 연초의 품질에 대해서는 37년 전에 이 회사를 창업하신 사장님께서 회사 안의 그 누구보다도 잘 아신다고 생각합니다. 그리고 최고의 시가를 만드는 담뱃잎은 사장님께서 쿠바에 가서서 손수 고르신다는 것도 알고 있지요. 그래서 사장님께 동양 최고의 담뱃잎을 직접 보여드리고 싶습니다. 분명히 쿠바산 담뱃잎보다 훨씬 매력을 느끼실 것입니다."

아리는 주변 사람들에게 가노아 사장에 대해 이것저것을 물어보아 이미 많은 것을 알고 있었다. 사장이 언제 출근하며 퇴근하는지, 언제가 비번인지, 어디 사는지를 비롯하여, 어디 출신이고, 무슨 취미를 가졌고, 언제 창업을 했으며, 특히 무엇에 자부심을 갖고 있는지에 대해 샅샅이 알아두었다. **"더 많이 듣고 더 많이 이해할수록 더 많은 수확을 얻는다."**는 것이 「캅베드」의 가르침이었기 때문이었다. 가노아 사장은 연초에 대한 자신의 지식에 큰 자부심을 갖고 있고 쿠바산 시가 애호가였다.

"그래, 연초는 갖고 왔나?"

가노아가 야릇한 표정을 지으며 물었다. 아리는 가방에 항상 준비해 가지고 다니던 발칸산 입담배를 꺼내 가노아 사장에게 건넸다. 아버지가 보낸 견본 가운데 최상품이었다. 아리가 건넨 입담배를 받아든 가노아는 손으로 비벼도 보고 코로 향을 맡아보았다. 콧속에 연초향이 번지자 입가에는 미소가 번졌다. 그는 고개를 끄덕였다.

"연락을 해놓을 테니 구매부로 가보게."

말투는 여전히 퉁명스러웠다. 하지만 아리가 바라던 일이 드디어 이루어진 것이었다. 아리는 항상 그랬듯이 가노아 사장에게 밝은 미소를 지으며 목례를 하고 물러났다.

구매부로 가자 실무자의 태도가 지난번과는 천지차이로 바뀌었다. 곧바로 1만 달러어치 구매계약을 맺었다. 두 달 뒤에는 5만 달러어치를 계약했다. 그것은 조그만 시작에 불과했다. 3년 후인 1928년에는 아르헨티나 연초 총수입량의 33퍼센트를 아리가 발칸반도에서 수입했다. 가노아 사장과는 곧바로 막역한 동업자 사이가 되었다.

아리는 곧바로 피혁무역에도 손을 댔다. 아르헨티나의 값싸고 품질 좋은 소가죽을 아버지를 통해 유럽에 팔았다. 이윤이 컸다. 여력이 모아지자 직접 '그레코스'라는 담배회사를 만들었다. 오스만, 아리스토스, 프리메로스라는 3가지 종류의 담배를 생산했다. 아리가 생산하는 담배들은 순한 맛을 가져 특히 여자들이 좋아했다. 질이 좋다는 소문이 나면서 사업이 날로 번창했다.

1928년이 다 가기 전에 아리의 총자산이 백만 달러를 넘었다. 겨우 백 달러 남짓한 돈을 손에 쥐고 부에노스아이레스 항에 내린 지 불과 4년 만이었다. 그 즈음 터키와 그리스가 맺은 '로잔 협약'에 의해 소아시아에 흩어져 살던 그리스 사람들에게 그리스 국적이 주어졌다. 아리는 아르헨티나와 그리스, 두 개의 국적을 갖게 되었다. 그것은 아리가 세계인이 되는 또 하나의 시작이었다. 그의 나이 22살이었다.

# Ⅱ-Ⅱ 공경은 공경하는 대상을 기쁘게 하는 일이다

공경하는 대상을 기쁘게 하려면

공경하는 대상이 소망하는 것을 이루게끔 도와야 한다

부모를 기쁘게 하려면

부모가 소망하는 것을 이루게끔 도와야 한다

이것이 근본 원리다


## 공경의 원리는 세상 만물에 적용된다

땅을 기쁘게 하려면 땅이 소망하는 것을 이루게끔 도와야 한다

그러면 땅이 주는 갖가지 곡식과 먹을 과일을 더 많이 얻을 수 있다

물을 기쁘게 하려면 물이 소망하는 것을 이루게끔 도와야 한다

그러면 물이 주는 달콤한 식용수와 싱싱한 물고기를 더 많이 얻을 수 있다

숲을 기쁘게 하려면 숲이 소망하는 것을 이루게끔 도와야 한다

그러면 숲이 주는 신선한 공기와 집을 지을 목재를 더 많이 얻을 수 있다

일을 기쁘게 하려면 일이 소망하는 것을 이루게끔 도와야 한다

그러면 일이 주는 대가와 이익을 더 많이 얻을 수 있다

사람을 기쁘게 하려면 사람이 소망하는 것을 이루게끔 도와야 한다

그러면 사람이 주는 귀중한 보물을 더 많이 얻을 수 있다

## 더 많이 기쁘게 할수록 더 많은 수확을 얻는다

돈을 더 많이 기쁘게 하는 사람은 더 많은 돈을 더 오래 얻는다

명예를 더 많이 기쁘게 하는 사람은 더 많은 명예를 더 오래 얻는다

권력을 더 많이 기쁘게 하는 사람은 더 많은 권력을 더 오래 얻는다

친구를 더 많이 기쁘게 하는 사람은 더 많은 친구를 더 오래 얻는다

여인을 더 많이 기쁘게 하는 사람은 더 많은 여인을 더 오래 얻는다

지혜를 더 많이 기쁘게 하는 사람은 더 많은 지혜를 더 오래 얻는다


솔로몬이 그랬다

그래서 솔로몬은 모든 것을 다 가졌다


신은 인간을 창조할 때

공경과 소망과 기쁨과 수확을 함께 묶어놓았다

인간은 무엇인가를 공경하려면

그것의 소망을 이루게끔 도와 그것을 기쁘게 해야 한다

그러면 그로부터 자기가 원하는 것을 얻을 수 있다

# 7
## 백만장자의 여인들

　돈은 처음 백만 달러를 벌기가 힘든 법이다. 그 다음부터
는 돈이 돈을 키우고, 경험이 경험을 키운다. 자신감이 자신
감을 키우고, 성공이 성공을 키운다. 백만장자들의 말이다.
아리도 그랬다. 그의 재산은 백만 달러가 넘고 난 다음부터
는 자고 나면 눈덩이처럼 불어났다. 1929년 1월 20일로 그가
23살이 되었을 때 그는 소위 '젊은 백만장자'였다.

　아리는 숙소를 프라자 호텔로 옮겼다. 부에노스아이레스
에 있는 호텔들 가운데 최고급이었다. 식당도 나이트클럽도
최고급으로 드나들며 사교계에 몸을 담갔다. 그곳에서 아르
헨티나와 그리스 출신의 젊은 사업가 또는 정치가들과 사귀
었다. 이때 사귄 친구 가운데 하나가 코스타 드라쿨리스였는

데 그와의 만남이 훗날 아리의 새로운 운명을 여는 계기가 되었다.

드라쿨리스 집안은 본래 그리스 출신이었지만 미국 국적을 갖고 아르헨티나에서 선박회사를 경영하고 있었다. 코스타는 회사의 부사장이었다. 그와 사귀면서 아리는 그의 필생의 직업인 선박업에 점차 매력을 느끼기 시작했다. 얼마 안가 아리는 코스타가 가진 수송선 빅토리호를 인수했다. 코스타는 나중에 아리를 위해 많은 일을 했다.

만나는 여자들도 달라졌다. 아리는 더 이상 전화회사 교환수들과 티그레 해변 기슭을 쏘다니지 않았다. 그는 고급 사교계의 품위 있는 여성들과 교제를 시작했다. 부에노스아이레스 사교계 여자들은 아리에게 열광했다. 결혼을 염두에 둔 부잣집 아가씨들이 특히 그랬다. 아리의 실제 나이는 결혼하기에 아직 일렀지만 서류상으로는 29살로 되어 있었기 때문이다. 백만장자이자 미혼인 외국 청년에게 아가씨들이 매혹되는 것은 당연한 일이었다.

특이한 점은 아리의 주변에 예술을 하는 여성들이 몰려든다는 것이었다. 아리는 스미르나에서 명문 고등학교에 다녔다. 하지만 전쟁이 일어나 도중에 중퇴했다. 결국 아리는 대학교육은 받아보지도 못했다. 교회 성가대에서 노래를 부른

적은 있다. 그러나 그 외에는 예술을 가까이 해본 경험이 거의 없다. 그의 집안사람들은 모두 예술과는 거리가 먼 장사꾼이었다. 그러니 아리에게 남다른 예술적 취향이나 교양이 있을 리 없다. 그런데도 최고 수준의 여성 예술인들이 아리를 보기만 하면 너 나 할 것 없이 그를 좋아했다.

어느 날 한 이탈리아 사람이 아리를 찾아왔다. 부에노스아이레스에서 가장 크고 화려한 콜론 극장의 오페라 가수 클라우디아 무치오 양이 보낸 사람이었다. 클라우디아는 콜론 극장이 자랑하는 이탈리아 출신의 소프라노 가수로 오페라 〈라보엠〉에서 미미 역을 맡고 있었다. 아리는 〈라보엠〉의 첫 공연 때 귀빈석을 모두 사서 자신과 거래하는 고객들에게 선물로 나누어주었다. 당시 부에노스아이레스의 사교계 사람들은 발레나 오페라 같은 공연을 즐겼기 때문에 사업상 그랬다. 그런데 입장권 판매 부진에 신경이 곤두섰던 클라우디아가 그것을 알고 아리에게 관심을 갖게 됐다.

그 이탈리아 사람은 아리에게 클라우디아 무치오 양을 위해 맛이 특별히 순하고 부드러운 담배를 만들어달라고 주문했다. 이런 주문은 흔치 않은 일이었다. 더욱 특별한 것은 그녀가 보낸 카드였다. 카드에는 담배가 다 만들어지면 자기가 묵는 호텔로 직접 들고 찾아와 전해달라고 적혀 있었다. 대가는 그때 지불하겠다는 말도 함께 있었다. 아리는 직원을 시켜 정성스레 담배를 만들어 보냈다. 하지만 대가는 정중하게 거절했다. 그런 식의 유혹에는 이미 익숙해져 있는 터였다. 게다가 당시 그는 카타리나 안드레예브나라는 아름다운 발레리나와 사귀고 있었다.

카타리나는 부에노스아이레스에 차이코프스키의 〈백조의 호수〉를 공연하러 온 소련 발레단의 단원이었다. 그 발레단은 세계적인 프리마돈나인 안나 파블로브나가 이끌고 있었다. 첫 번째 공연이 있던 날 밤 아리는 파블로브나와 발레단원들을 자기가 묵는 프라자 호텔로 초대해 축하 파티를 열었다. 역시 사업상 그랬다. 그날의 주역이었던 카타리나가 그들 중 가장 아름답고 눈부셨다. 이후 아리는 카타리나와 자주 만나 저녁을 즐겼다.

아리는 카타리나와의 관계를 진지하게 생각하지는 않았다. 이제 아리는 그의 거절에 더욱 몸이 달아오른 클라우디아와도 만나고 있었다. 클라우디아는 아리보다 열한 살이나 연상이었고 매우 정열적인 여자였다. 〈춘희〉의 비올레타와 〈오셀로〉의 데스데모나 역으로 이름이 난 오페라 가수였지만 노래보다는 분망한 사생활 때문에 자주 신문지상에 오르

내리곤 했다. 얼마 후 클라우디아가 스스로 아리의 곁을 떠나기 전까지 아리는 그녀의 불같은 열정 속에서 빠져나오기 힘들었다.

카타리나는 아리와 달랐다. 공연 일정이 끝나 발레단이 유럽으로 떠날 때가 되자 그녀는 부에노스아이레스에 남겠다고 선언했다. 발레단을 이끌고 있던 파블로브나는 즉각 아리 때문이라고 생각했다. 그녀는 아리를 찾아와 카타리나가 그녀와 함께 떠나게끔 타일러달라고 부탁했다. 하지만 아리는 그리하지 않았다. 카타리나는 결국 부에노스아이레스에 남아 발레리나 겸 선생으로 일했다. 아리와의 관계는 일 년쯤 더 계속되었다.

# 8
## 욕망과 소망

아리가 사람을 대하는 법은 특별했다. 그는 공손했다. 언제나 자신감이 넘쳤지만 절대 거만하진 않았다. 그렇다고 비굴하지도 않았다. 나중에 영어, 프랑스어, 이탈리아어, 스페인어, 터키어 그리고 모국어인 그리스어까지 6개 국어를 자유롭게 했는데, 누굴 만나든 항상 그 사람의 모국어로 먼저 말을 걸었다. 상대가 전혀 예상치 않은 선물도 대가를 바라지 않고 했다. 그 가운데는 깜짝 놀랄 만큼 값비싼 보석도 있지만 사소한 소품들도 있었다. 아리는 자기 나름의 철학을 이렇게 털어놓았다.

"선물이 사람의 마음을 기쁘게 하는 것은 오직 존중받는다는 느낌 때문이오. 물건의 값어치 때문이 아니라는 말이오.

값어치로 따지는 선물은 뇌물이지 선물이 아니오. 뇌물도 사람을 기쁘게 하지만 선물만큼은 아니오. 난 평생 셀 수 없이 뇌물도 주고 선물도 했지만 뇌물을 주는 것보다는 선물하는 것을 더 좋아하오."

초기 대인관계의 성패는 대개 상대에게 그가 존중받고 있다는 느낌을 주느냐 못 주느냐에 달려 있다. 인간이란 본디 타인에게 존중받기를 바라는 동물이다. 개는 배가 고프면 밥그릇을 발로 차서 주어도 잘 먹는다. 하지만 인간은 아무리 배가 고파도 그렇게 주면 먹지 않는다. 무시당했기 때문이다. 때문에 사람에게 호감을 사는 첫 걸음은 그 사람을 존중하는 데서부터 시작해야 한다. 그런데 이 정도는 사업가라면 누구나 경험을 통해 스스로 깨닫는다. 그래서 바보가 아닌 바에야 거래할 상대를 존중한다는 뜻으로 선물도 하고 때에 따라서 뇌물도 준다.

아리는 거기에서 한 발 더 나갔다. 그는 자기에게 소중한 사람들은 존중하지 않고 「캅베드」의 가르침대로 공경했다. 공경은 존중을 포함하지만 항상 존중을 넘어선다. 방법은 간단했다. 아리는 자기에게 필요하다고 생각하는 남자나 아름다운 여자를 만날 때마다 상대의 소망이 무엇인지를 재빨리 알아내려고 노력했다. 그를 위해 필요한 경우에는 사전에 사람들을 시켜 상대의 취향이나 처지, 그리고 삶의 철학까지 알아보았다. 그렇지만 대부분의 경우에는 상대방의 말을 귀 기울여 잘 듣는 것만으로도 상대가 소망하는 것을 충분히 알아챌 수 있었다.

그 다음 아리는 그것에 관해 상대에게 자연스레 말을 꺼냈다. 마치 지나가는 이야기처럼 던지기도 했다. 그러고는 조심스레 상대의 눈치를 살폈다. 상대가 조금이라도 반응하면 즉각 자기가 그것이 이루어지도록 돕겠다는 약속을 역시 아무렇지 않게 던졌다. 부담을 주지 않기 위해서였다. 경우에 따라서는 원하면 도와줄 수 있다는 정도만 슬쩍 내비치기도 했다. 그것만으로도 반응은 항상 뜨거웠다. 카타리나 안드레예브나의 경우가 바로 그랬다.

카타리나는 장래가 촉망되는 발레리나였다. 하지만 그녀는 소련을 떠나 자유세계에서 살기를 원했다. 무엇보다도 스승이자 경쟁자인 안나 파블로브나의 그늘에서 벗어나길 바랐다. 아리는 그녀와 처음 저녁식사를 하던 날 밤 곧바로 그것을 알아챘다. 그리고 그녀가 원하면 부에노스아이레스에 남아 살 수 있게끔 돕겠다고 즉각 약속을 했다.

아리는 약속을 지켰다. 사교계에서 알게 된 정치가들을 통해 카타리나의 망명허가를 얻어냈다. 뿐만 아니라 시립발레단에서 연기자와 선생으로 일할 수 있게 다리를 놓았다. 쉽지 않았지만 어렵지도 않았다. 큰 비용이 들지도 않았다. 그러나 오랜 소망을 이룬 카타리나는 마치 꿈을 이룬 것처럼 기뻐했다. 그리고 자기의 소중한 것을 모두 아리에게 내주었다. **"인간은 무엇인가를 공경하려면 그것의 소망을 이루게끔 도와 그것을 기쁘게 해야 한다. 그러면 그로부터 자기가 원하는 것을 얻을 수 있다."**라는 「캅베드」의 가르침이 그대로 이뤄진 것이다.

"상대방에게서 자기가 원하는 것을 얻어낸다는 점에서는 강도나 장사꾼이 같소. 그런데 강도는 상대에게 고통을 주고 원하는 것을 얻어내고 장사꾼은 기쁨을 주고 얻어내는 것이 다를 뿐이오. 평범한 이야기 같지만 바로 여기에 모든 성공의 비결이 들어 있소.

잘 들으시오! 물고기는 물이 있어야 살고, 사람은 기쁨이 있어야 사는 법이오. 때문에 누구든 성공을 하려면 사람들을 기쁘게 해야 하오. 국민이 원하는 것을 들어주어 그들을 기쁘게 하는 정치가는 권력을 얻는 데 성공하오. 고객이 원하는 것을 들어주어 그들을 기쁘게 하는 장사꾼은 돈을 버는 데 성공하오. 여자가 원하는 것을 들어주어 여자를 기쁘게 하면 그 여자를 얻는 데 성공하기 마련이오. 그렇지 않소?"

말인즉 옳았다. 너무 당연하여 그토록 간단한 성공의 비결을 왜 몰랐을까 하는 생각까지 들었다. 따지고 보면 사람은 너 나 할 것 없이 고통을 피하고 기쁨을 찾는다. 이 점에서는 심지어 난봉꾼과 수도승조차 다르지 않다. 다만 난봉꾼에게는 욕망을 따르는 것이 기쁨인데 수도승에게는 욕망을 다스리는 것이 기쁨일 뿐이다. 밤마다 여자를 찾는 난봉꾼도, 밤마다 자기 몸을 채찍질하는 수도승도, 결국 자신의 기쁨을 위해서 애를 쓰고 때로는 목숨까지도 내놓는 것이다. 아리 말이 맞다. 물고기는 물이 없으면 죽고 사람은 기쁨이 없으면 죽는다.

"한데 욕망과 소망이 어떻게 다른지 아시오? 「캅베드」를 올바로 사용하려면 무엇보다도 이 차이를 잘 알아야 하오. 소망이란 인간의 참된 바람이오. 하지만 욕망은 헛된 바람이오."

아리의 커다란 눈망울이 빛났다. 사람은 나이가 들면 눈빛이 흐려지는 법이다. 그런데 그는 여전히 강하고 또렷한 눈빛을 가졌다. 나는 그의 눈망울이 매력적이라고 생각했다.

"사람들의 욕망은 모두 같소. 모두가 돈, 명예, 권력을 갖고 싶어 하고 다른 사람들로부터 존중받길 원하오. 그러나 사람들의 소망은 각각 다르오. 각자의 취향이나 처지 또 철학이

다르기 때문이오. 예를 들어 어떤 사람은 도시에 살길 소망하는가 하면 다른 사람은 시골에 가서 살길 소망하지 않소?

그런데 인간의 욕망은 한이 없소. 때문에 설사 누군가 그것을 충족시켜준다고 해도 그 기쁨과 감사는 일시적이오. 곧바로 더 많은 것을 원하게 되고 그것이 충족되지 않으면 그때부터는 오히려 원망하오. 그래서 욕망만으로 가득 찬 사람을 기쁘게 하기는 매우 어렵소.

그러나 소망은 그렇지 않소. 소망이란 그 사람의 단 하나의 간절한 바람이오. 따라서 누군가 그것을 충족시켜주면 그 기쁨과 감사는 오래가기 마련이오. 그만큼 그로부터 자기가 원하는 것을 얻어내기도 쉽소. 그래서 「캄베드」는 욕망이 아니라 소망을 이루도록 도우라고 가르친 거요."

아리는 마치 현자처럼 말했다. 소리는 무겁고 말투는 단호했다.

"세상에는 욕망으로만 가득 차 있고 소망이 없는 사람들이 있소. 또 아직 자기 자신의 소망이 무엇인지 잘 모르는 사람들도 많소. 이런 사람들을 기쁘게 하고 감사를 얻어내기는 무척 어렵소. 반면에 분명한 자기 소망을 갖고 있는 사람을 기쁘게 하고 그로부터 원하는 것을 얻어내는 것은 그만큼 쉽소."

그가 다시 말을 끊었다. 그리고 갑자기 장난스런 표정을 지으며 목소리를 낮추어 말했다.

"비밀 하나 가르쳐드릴까? 내 경험에 의하면 말이오, 성공한 여자들은 대부분 자기의 소망을 분명히 알고 있었소. 러시아의 발레리나든, 이탈리아의 오페라 가수든, 할리우드의 배우든, 그 점에 있어서는 다를 바가 없었소. 아마 개성이 강하기 때문인지 모르오. 어쨌든 나는 그녀들의 소망을 알아내어 그것이 이뤄지도록 도왔소. 그럼으로 그녀들을 기쁘게 했소. 바로 그것이 내가 이렇다 하게 이름난 여자들을 무명의 여자들보다 오히려 쉽게 얻을 수 있었던 비결이오."

밤이 깊어가고 있었다. 달이 바다 위로 긴 그림자를 깔았다. 바람은 그 위를 부지런히 쓸고 지나갔다.

## II-III 공경은 설사 그렇지 않더라도 마치 그런 것처럼 생각하고 행동하는 일이다

어떤 것을 공경하려면

그것이 설사 그렇지 않더라도 마치 그런 것처럼 생각하고 행동해야 한다

그러려면 믿음이 있어야 한다

부모를 공경하려면

부모가 설사 공경 받을 만하지 않더라도 마치 그런 것처럼

생각하고 행동해야 한다

그러려면 믿음이 있어야 한다

이것이 근본 원리다


**공경의 원리는 세상 만물에 적용된다**

땅을 공경하려면

땅이 설사 공경 받을 만하지 않더라도 마치 그런 것처럼

생각하고 행동해야 한다

그러면 땅이 주는 갖가지 곡식과 먹을 과일을 더 많이 얻을 수 있다

물을 공경하려면

물이 설사 공경 받을 만하지 않더라도 마치 그런 것처럼

생각하고 행동해야 한다

그러면 물이 주는 달콤한 식용수와 싱싱한 물고기를 더 많이 얻을 수 있다

숲을 공경하려면

숲이 설사 공경 받을 만하지 않더라도 마치 그런 것처럼

생각하고 행동해야 한다

그러면 숲이 주는 신선한 공기와 집을 지을 목재를 더 많이 얻을 수 있다

일을 공경하려면

일이 설사 공경 받을 만하지 않더라도 마치 그런 것처럼

생각하고 행동해야 한다

그러면 일이 주는 대가와 이익을 더 많이 얻을 수 있다

사람을 공경하려면

사람이 설사 공경 받을 만하지 않더라도 마치 그런 것처럼

생각하고 행동해야 한다

그러면 사람이 주는 귀중한 보물을 더 많이 얻을 수 있다

그러려면 믿음이 있어야 한다


**더 많이 믿을수록 더 많은 수확을 얻는다**

돈이 설사 공경 받을 만하지 않더라도 마치 그런 것처럼

더 많이 생각하고 행동하는 사람은 더 많은 돈을 얻는다

명예가 설사 공경 받을 만하지 않더라도 마치 그런 것처럼

더 많이 생각하고 행동하는 사람은 더 많은 명예를 얻는다

권력이 설사 공경 받을 만하지 않더라도 마치 그런 것처럼

더 많이 생각하고 행동하는 사람은 더 많은 권력을 얻는다

친구가 설사 공경 받을 만하지 않더라도 마치 그런 것처럼

더 많이 생각하고 행동하는 사람은 더 많은 친구를 얻는다

여인이 설사 공경 받을 만하지 않더라도 마치 그런 것처럼

더 많이 생각하고 행동하는 사람은 더 많은 여인을 얻는다

지혜가 설사 공경 받을 만하지 않더라도 마치 그런 것처럼

더 많이 생각하고 행동하는 사람은 더 많은 지혜를 얻는다

그러려면 믿음이 있어야 한다


솔로몬이 그랬다

그래서 솔로몬은 모든 것을 다 가졌다


신은 인간을 창조할 때 공경과 믿음과 수확을 함께 묶어놓았다

인간은 무엇인가를 공경하려면

그것이 설사 그렇지 않더라도 마치 그런 것처럼

생각하고 행동해야 한다

그러면 그로부터 자기가 원하는 것을 얻을 수 있다

# 9
## 장사꾼과 외교관

1930년 9월이었다. 아리는 그리스로 가는 호화 여객선 일
등실 창가에 앉아 바다를 바라보았다. 그는 바다를 좋아했다.
바다는 언제나 그가 사랑하는 자유, 풍요, 낭만으로 가득 차
있었다. 맨손으로 고향을 떠나 불과 6년 만에 백만장자가 되
어 돌아가는 배에서 바라다보니 더욱 그래 보였다. 그러나 6
년 전 「캅베드」를 가슴에 품고 부에노스아이레스를 향해 갈
때처럼 마냥 설레기만 하지는 않았다. 그에게 커다란 걱정이
있었다.

전쟁이 끝난 후 동맹국이던 그리스와 불가리아 사이에 크
고 작은 통상마찰이 연이어 일어났다. 그러자 그리스 정부는
새로운 관세법을 발표했다. 그리스와 통상조약을 맺지 않은

나라의 관세를 4배로 올리는 내용이었다. 불가리아를 압박하기 위한 조치였다. 그러나 그리스와 교역량이 상대적으로 그리 많지 않던 불가리아의 반응은 냉랭했다. 불똥은 엉뚱하게 아리처럼 그리스와 거래하는 무역상들에게로 튀었다. 당시 아르헨티나는 그리스와 통상조약을 맺지 않은 나라였다. 아리에게는 치명적인 타격이었다. 사업을 시작한 후 처음으로 맞는 위기였다. 가만히 앉아 있을 수가 없었다.

아리는 아는 정치인들을 통해 아르헨티나 정부가 그리스와 통상조약을 맺도록 힘을 썼다. 그러나 아쉬울 것이 없는 아르헨티나 정부는 꿈쩍도 하지 않았다. 남은 방법은 그리스 정부가 먼저 손을 내밀게 하는 것이었다. 그렇지만 그것은 외교관들이 하는 일이었다. 아리는 외교나 정치에는 아는 것이 거의 없었다. 어디에서 누구를 만나 어떻게 처리해야 할지 감조차 잡히지 않았다. 더구나 그리스에는 이런 일을 도와줄 만한 사람도 전혀 없었다.

사람은 누구나 모르는 것에 대해서는 두려움이 있는 법이다. 아리도 그랬다. 그래서 그는 다시 「캅베드」를 꺼내 펼쳤다. 의지할 데가 그것밖에 없었기 때문이었다. 이미 오랫동안 마음속에 담고 있는 말들이었지만 아리는 「캅베드」를 처음부터 천천히 다시 읽었다. 그러면서 문득 마음에 와 닿는 말들을 찾았다. 그것은 「캅베드」를 아직 체계적으로 이용할 줄 모르는 아리가 종종 사용하는 방법이었다.

「캅베드」는 매우 상징적으로 씌어 있다. 때문에 상황에 따라, 또 사건에 따라 매번 다른 의미, 다른 모습으로 다가왔다. 아리는 이번에도 같은 방법을 썼다. 그랬더니 어김없이 그의 눈과 마음이 어느 한곳에 머물렀다. **"인간은 무엇인가를 공경하려면 그것이 설사 그렇지 않더라도 마치 그런 것처럼 생각하고 행동해야 한다. 그러면 그로부터 자기가 원하는 것을 얻을 수 있다."** 아리는 그때 한 자기의 각오를 이렇게 말했다.

"그때부터 나는 내가 장사꾼이라는 사실을 잠시 잊기로 했소. 그리고 내가 설사 외교관이 아니더라도 마치 외교관인 것처럼 생각하고 행동하기로 작정했소. 마치 아테네 주재 아르헨티나 영사가 된 것처럼 말이오. 그렇게 마음먹고 나니 해야 할 일들이 하나둘씩 머리에 떠올랐소. 만나야 할 사람들도, 해야 할 말들도 점차 생각이 났소."

같은 문제라 해도 자신의 손해를 막아보려는 장사꾼의 입장에서 보는 것과 두 나라 간의 통상 문제를 해결하려는 외교관의 입장에서 보는 것이 전혀 달랐다. 아리는 아테네 주재 아르헨티나 영사와 같은 관점에서 모든 정보와 자료를 꼼꼼히 수집하기 시작했다. 그랬더니 그동안에는 전혀 몰랐던 새로운 사실들이 속속 드러났다. 그는 사실이란 그 사람이 취하는 입장에 따라 전혀 달라진다는 것을 그때 처음 알았다.

"여기 이 컵을 좀 보시오. 내 쪽에서 보면 이 컵의 손잡이가 오른쪽에 붙어 있소. 하지만 당신 쪽에서 보면 왼쪽에 붙어 있지 않소? 그렇지요? 이렇게 사람의 입장이란 같은 것을 보면서도 전혀 다른 사실들을 만들어내는 법이오. 실제로 예를 들어 말하자면 이렇소. 사장의 입장에서 보면 사원은 돈만 밝히고 게으름을 피우는 것으로 보이지만, 사원 입장에서는 사장이 돈은 조금 주고 일만 많이 시키는 것으로 보이기 마련이란 말이오."

아리는 그와 나 사이에 놓인 컵을 가리키며 말했다. 내가 그에게 소다수를 따라다준 컵이었다.

"그래서 「캄베드」는 설사 그렇지 않더라도 마치 그런 것처럼 그때그때마다 바람직하게 입장을 바꿔 생각하고 행동하라고 가르친 거요. 사장이 사원 입장에서 생각하고 일을 시키면 그는 좋은 사장이오. 마찬가지로 사원이 사장 입장에서 생각하고 일을 하면 그는 좋은 사원이오. 어디 사장과 사원 관계만 그렇겠소. 세상만사가 다 그렇소. 입장이 달라지면 세상이 달라 보이는 법이오."

배는 부에노스아이레스를 떠난 지 18일 후에 그리스의 피레우스 항에 도착했다. 6년 전 아르헨티나로 떠날 때 배를 탔던 바로 그 항구였다. 그러나 그때와는 모든 것이 달라졌다. 무엇보다도 온 가족이 마중을 나왔다. 환대가 대단했다. 친척들 집에서 돌아가며 파티를 열 계획도 이미 세워져 있었다. 아리는 모두 거절했다. 서둘러 처리해야 할 일이 너무 많았다.

먼저 그리스 수상인 베네젤로스에게 배 안에서 미리 준비한 서신을 띄웠다. 개인적인 편지가 아니라 외교 각서 형식으로 작성한 편지였다. 그런 만큼 새로 발표한 통상조례에 의해 자기가 입을 타격에 대한 이야기는 한 줄도 쓰지 않았다. 대신 양국 간의 무역 분쟁이 두 나라에 가져올 경제적·외교적 손실에 대해서만 언급했다. 설사 아르헨티나 영사가 아니더라도 마치 그런 것처럼 쓴 서신이었다.

당시 아르헨티나에는 그리스 국적의 선박들이 많았다. 그렇다고 그 선박의 주인들도 그리스 국적을 가진 것은 아니었다. 상당수가 미국, 영국, 독일 등 외국 국적을 갖고 있었다. 그들은 단지 세금이 싸기 때문에 자신의 배들을 그리스 국적으로 등록해 운용했다. 아리의 친구가 된 선박업자 코스타도 미국 국적을 갖고 있지만 그의 배들은 모두 그리스 국적으로 되어 있었다.

그런데 그리스가 관세를 4배로 올리자 아르헨티나 정부는 맞대응할 계획을 세웠다. 그리스 국적의 모든 선박에 대해 항구 사용료를 같은 비율로 올리는 정책이었다. 그 일이 현실화된다면 그리스로서는 막대한 경제적 손실을 감수할 수밖에 없다. 선주들이 자신들이 소유한 선박들의 국적을 바꾸어버릴 것이기 때문이다. 코스타도 그럴 계획을 세워놓고 있었다. 아리가 알아보니 이런 선주들이 가진 선박의 수는 그리스가 가진 전체 선박의 80퍼센트나 되었다. 수상에게 보낸 아리의 편지에는 이런 중요한 내용들이 포함되어 있었다.

회신은 곧바로 왔다. 수상이 직접 만나겠다고 했다. 베네젤로스 수상은 당시 소아시아 지역에서 막대한 영향력을 행사하며 존경받는 인물이었다. 아리는 놀랐다. 그는 자기의 편지가 복잡한 과정을 거쳐 적어도 일주일은 걸려야 수상의 손에 들어갈 줄 알았다. 게다가 결과는 언제 어떻게 나올지 전혀 예측할 수 없었다. 아예 회답이 없을 경우에 대처할 방안도 미리 생각해놓았다. 그런데 불과 닷새 만에 상상도 못했던 기쁜 소식을 담은 회답이 날아온 것이다. 온 집안 식구들이 자랑스러워했다. 특히 아리의 아버지가 신바람을 냈다.

수상과의 면담은 짧게 이뤄졌다. 수상은 소문대로 검소하고 소탈했다. 일은 단순하고 효율적으로 처리했다. 우선 아리의 이야기를 주의 깊게 들었다. 그 후 두세 가지 질문을 했다. 그리고 곧바로 외무장관을 만나게 주선할 테니 그에게 모든 상황을 낱낱이 설명하라고 했다. 비서에게 외무부에 연락을 해놓으라는 지시도 내렸다.

# 10
## 그리스 영사

사흘 후에 아리는 외무장관 안드레아스 미칼라폴로스를 만났다. 그는 키가 크고 위압적인 인상을 풍겼다. 화려하고 커다란 집무실에서 아리를 맞았다. 아리는 준비해 간 자료들을 하나하나 제시하며 아르헨티나와 통상마찰은 그리스의 국익에 도움이 되지 않는다는 것을 열심히 설명했다. 장관은 아리의 말을 듣는 둥 마는 둥 했다. 점차 시간이 흐르자 못내 지루한 듯 담배 파이프를 꺼내 손질을 시작했다. 한낱 장사꾼 주제에 장관을 찾아와 국가의 통상조치에 불만을 터트리느냐는 태도 같았다. 아리는 화가 치밀었다.

"각하!"

아리가 목소리를 높였다.

"저는 제 개인의 장사에 대한 이야기를 하고 있는 게 아닙니다. 저는 아르헨티나에 정박하고 있는 그리스 선박들에 관해 이야기하고 있어요. 아르헨티나 정부가 항구 사용료를 4배로 올리면 그리스는 전체 선박의 80퍼센트를 잃을지도 모릅니다. 만일 그렇게 되면 국가 전체에 경제적 위기가 올 수 있습니다."

"흥, 무슨 헛소릴 하는 거요."

장관이 콧방귀를 뀐 다음 시큰둥하게 말했다.

"아르헨티나가 우리 경제의 80퍼센트를 떠맡고 있단 말이오?"

아리가 의자에서 벌떡 일어났다.

"각하, 그런 말이 아니지 않습니까! 제가 설명하는 동안 각하께서는 담배 파이프나 손질하느라 정신이 없었습니다. 제가 제시한 자료들에는 눈길 한 번 주지 않으셨고요. 나랏일이 걱정인데 부끄러운 줄 아십시오. 더 이상 드릴 말씀이 없으니 이만 돌아가겠습니다."

아리는 단호히 돌아서서 문 쪽으로 걸어갔다. 장사꾼으로서는 감히 할 수 없는 말과 행동이었다. 그렇지만 아리는 자신이 진정 나랏일을 걱정하는 외교관인 것처럼 생각하고 행동했다. 아리의 그런 태도가 장관의 의심을 가시게 하고 믿음을 갖게 했다.

"잠깐!"

장관의 목소리가 곧바로 아리의 뒷덜미를 잡았다. 그러자
문 앞에 서 있던 부관이 떡하니 가로막았다.

"무슨 무례요! 각하께서 부르시지 않소."

아리가 돌아서서 장관을 보았다.

"이리 오시오. 다시 이야기합시다."

장관의 표정과 태도가 순식간에 달라졌다. 목소리가 부드
러워지고 말투도 바뀌었다 조금 전까지 피우던 거드름이 사
라지고 깍듯이 예의를 갖추었다. 두 사람은 조금 전의 감정
은 잊고 즉시 실무적인 일들을 진지하게 논의했다. 결론은
아르헨티나 정부에만 종전과 같은 관세를 적용하는 특혜를
주는 쪽으로 났다. 장관은 곧바로 조치를 취하기로 약속했다.
이때부터 장관은 아리의 든든한 후원자가 되었다.

외무장관 사무실을 나온 다음 아리는 너무나 기뻐 펄쩍 뛰
었다. 도저히 이루어낼 수 없을 것 같은 일을 해냈기 때문이
었다. 이제 서둘러 부에노스아이레스로 돌아갈 채비를 할 차
례였다. 그런데 바로 다음 날 외무장관으로부터 전갈이 왔다.
다시 만나자는 것이었다. 장관은 아리가 아르헨티나 정부와

의 교섭에 직접 나서줄 것을 부탁했다. 그리스 정부의 외교 특사로 삼겠다는 것이다.

아리는 쾌히 승낙했다. 그런데 언론이 들고 일어났다. 전문 외교관이 해야 할 일을 경험도 없는 장사꾼에게 맡겼다는 이유에서였다. 고등학교 중퇴가 전부인 그의 학력도 문제 삼았다. 이때 아리의 이름이 난생처음으로 신문에 실렸다. 사진은 실리지 않았다. 다음 날 외무장관이 자청해서 언론과 인터뷰를 했다. 당면한 현안의 심각성과 아르헨티나 현지 사정을 밝힌 다음 이렇게 덧붙였다.

"그가 내게로 와서 한 설명은 장사꾼의 입장과 태도가 아니었습니다. 그는 마치 전문 외교관처럼 말하고 행동했습니다. 정확한 정보와 자료를 갖고 내게 왔고 진심으로 그리스의 국익을 위한 제안을 했습니다. 이 문제에 관한 한 그만한 외교관이 없습니다. 나는 그가 적임자라는 것을 확신합니다."

아리는 아르헨티나를 향해 떠났다. 이번에는 배가 아니라 비행기를 탔다. 신분도 이민자가 아니라 당당한 외교관 자격으로 탔다. 그리스에 도착한 지 불과 열흘 만이었다.

"참으로 신기한 일이었소. 한낱 장사꾼에 불과했던 내가 스스로 외교관처럼 생각하고 행동하니 곧바로 외교관이 되더라는 거요. 모두가 '설사 그렇지 않더라도 마치 그런 것처럼

**생각하고 행동하라.**'는 「캄베드」의 가르침을 따른 덕이었소. 이후에도 이런 마법 같은 일은 내게 수없이 일어났소."

외무장관의 예상대로 아리는 협상에 성공했다. 그리스와 아르헨티나 사이에 새로운 통상조약이 맺어졌다. 그러자 그리스 외무부는 아리를 부에노스아이레스 주재 그리스 대리영사로 임명했다. 장관의 강력한 신임과 후원에서 나온 조치였다. 아리의 이름이 다시 신문지상에 실렸다. 이번에는 사진도 함께 실렸다. 1931년 1월 1일자로 아리는 영사관저로 숙소를 옮겼다. 그리고 그곳에서 25살을 맞는 생일파티를 했다.

"놀랍지 않소, 사람의 미래는 그가 생각하고 행동하는 대로 된다는 사실이? 믿든 말든, 신이 그런 방식으로 인간을 창조해놓았다는 사실이 진정 놀랍지 않소? 그런데 안타까운 것은 사람들은 그것을 모른다는 말이오. 알려줘도 믿으려 하지 않소. 지금 내 밑에는 수백 명의 사장들이 있지요. 그 밑에는 또 수만 명의 평사원들이 있소. 그들은 전 세계에 흩어져 있는 내 회사에서 일하오. 내게 재미있는 것은 사장은 늘 사장처럼 생각하며 일하고, 평사원은 늘 평사원처럼 생각하며 일한다는 거요."

아니, 뭐가 재미있다는 말인가? 사장이 사장처럼 생각하며

일하고, 평사원이 평사원처럼 생각하며 일한다는 것은 너무
나 당연한 이야기 아닌가? 이런 생각들이 내 머리를 스쳐갈
때 즈음 아리가 말을 이었다.

"평사원들은 보통 이렇게 말하오. '내게도 사장직을 맡겨
봐요. 나도 잘할 수 있어요.'라고. 그러면서도 생각하고 일하
는 것은 여전히 평사원처럼 하오. 만일 그가 사장처럼 생각
하며 일하면 내가 곧바로 그를 사장으로 만들어주려고 그를
지켜보고 있는 것은 전혀 모르고 말이오. 세상 사람들이 다
그렇소. 그들은 그들이 스스로 생각하고 일하는 것만큼 그들
을 만들어주려고 신이 항상 지켜보고 있는 것을 전혀 모르고
있단 말이오."

순간 나는 내 앞에 앉은 초라한 노인이 어쩌면 정말 '황금
의 그리스인' 오나시스일지도 모른다는 생각이 문득 들었다.
그렇지 않고서야 어찌 이런 생각과 말을 할 수 있을까?

# 사람에게는 공경해야 할 것이 세 가지가 있다

하나는 자기 자신이요

다른 하나는 다른 사람이요

또 하나는 신이다


사람이 자기 자신을 공경하면 행복을 얻는다

왜냐하면 행복은 자기 자신으로부터 나오기 때문이다

사람이 다른 사람을 공경하면 부귀와 명예 그리고 권력을 얻게 된다

왜냐하면 부귀와 명예 그리고 권력은

다른 사람들로부터 나오기 때문이다

사람이 신을 공경하면 불멸을 얻게 된다

왜냐하면 불멸은 신으로부터 나오기 때문이다


사람은 이 셋을 다 공경할 수 있다

그 사람은 행복 부귀 명예 권력 불멸을 모두 다 가질 수 있다

사람은 셋 가운데 하나나 둘만 공경할 수 있다

그러면 그는 해당하는 것만을 갖게 된다

대부분의 사람들은 셋 모두를 공경하지 않는다

그래서 아무것도 갖지 못한다


## Ⅲ-Ⅰ 사람은 자기 자신을 공경해야 한다


자신을 공경하려면

첫째는 자기 자신의 말을 잘 들어야 한다

둘째는 자기 자신을 기쁘게 해야 한다

셋째는 자기 자신이 설사 그렇지 않더라도 마치 그런 것처럼

생각하고 행동해야 한다

그러면 행복을 얻을 수 있다

왜냐하면 행복은 자기 자신으로부터 나오기 때문이다


자기 자신의 말을 잘 들으려면

자기 자신의 말에 귀를 기울여

자기 자신이 소망하는 것이 무엇인지를 알아야 한다

그러면 행복을 얻을 수 있다

왜냐하면 행복은 자기 자신으로부터 나오기 때문이다

자기 자신을 기쁘게 하려면

자기 자신의 소망을 이루게끔 도와야 한다

그러면 행복을 얻을 수 있다

왜냐하면 행복은 자기 자신으로부터 나오기 때문이다


자기 자신이 설사 그렇지 않더라도 마치 그런 것처럼

생각하고 행동하려면

자기가 진정 그렇다고 믿어야 한다

그러면 행복을 얻을 수 있다

왜냐하면 행복은 자기 자신으로부터 나오기 때문이다


**솔로몬이 그랬다**

**그래서 솔로몬은 모든 것을 다 가졌다**


**신은 인간을 창조할 때**

**자기 자신에 대한 공경과 행복을 함께 묶어놓았다**

**인간은 자기 자신의 말을 잘 듣고 자기 자신을 기쁘게 하고**

**자기 자신이 설사 그렇지 않더라도 마치 그런 것처럼 믿어야 한다**

**그러면 행복을 얻을 수 있다**

# 11
## 진정한 자기를 찾아

부에노스아이레스로 돌아오는 비행기 안에서 아리는 흰 구름이 바다처럼 펼쳐진 창밖을 내다보았다. 배에서 푸른 바다를 대하던 때와는 썩 다른 느낌이었다. 바다에서 느끼던 자유, 풍요, 낭만 대신 이유 없는 흥분과 불안이 엄습했다. 처음에는 비행기를 처음 탄 탓이리라 생각했다. 그런데 꼭 그런 것만은 아니었다. 아리는 자기 앞에 펼쳐지고 있는 미지의 세계를 처음으로 불안하게 느끼고 있었다.

6년 전에 스미르나 쿠나크 형무소에서 랍비 노인에게서 양피지 두루마리를 받은 후부터 그의 운명은 이미 달라지기 시작했다. 「캅베드」의 놀라운 힘이 그를 점점 생각지도 않았던 세계로 이끌어가고 있었다. 하지만 지난 열흘 동안 일어난 만큼은 아니었다. 그는 불과 열흘 사이에 장사꾼에서 외교관으로 바뀐 것에 스스로 놀랐다. 「캅베드」의 힘에 이끌려 마치 마법의 세계로 들어온 것 같은 생각이 들었다.

"「캅베드」의 힘이 내 안에서 자라고 있는 것을 느낄 수 있었소. 물론 그것은 「캅베드」에 대한 나의 이해와 믿음이 그만큼 자라고 있다는 뜻이기도 했소. 하지만 난 그 막강한 힘에 대해 처음으로 두려움을 느꼈소. 내 안에서 마법의 괴물이 자라고 있는 것 같다는 생각이 들었소. 그래서 그 강력한 힘을 어디에·어떻게 사용할 것인가를 곰곰이 생각해보았소. 그 동안처럼 그때그때 필요에 따라서 사용해서는 안 되고 어떤 목표를 정해 일관성 있게 사용해야겠다고 생각한 거요."

사람의 운명이란 스스로 만들어가는 것이다. 어려서부터 숱하게 들어온 말이었다. 하지만 아리는 이 말을 처음으로 절실하게 실감했던 것이다. **"설사 그렇지 않더라도 마치 그런 것처럼"** 생각하고 행동하기만 하면 그대로 된다는 것을 극적으로 체험했기 때문이다.

"내가 생각하는 대로 되다니…… 내가 생각하고 행동하는 바로 그대로 되다니……."

아리는 고개를 좌우로 흔들면서 같은 말을 계속 반복해서 중얼거렸다. 승무원이 다가와 걱정스러운 표정으로 괜찮은

지 물었다.

아리의 마음속에서는 마치 새하얀 종이 위에 그림을 그리려는 소년이 갖는 설렘과 두려움이 번갈아 교차했다. 「캅베드」의 힘을 빌리면 무엇이든 마음대로 그릴 수 있다는 것을 그는 이미 알고 있었다. 이 사실이 그를 한없이 설레게 했다. 그러나 이 그림은 오직 한 번만 그릴 수 있다는 것도 그는 알고 있었다. 「캅베드」의 힘을 빌리더라도 인생을 두 번 살 수는 없다. 그 사실이 그를 무한히 두렵게 했다. 「캅베드」를 아리에게 건네준 랍비 노인의 말이 떠올랐다.

"부디 값있는 것을 원하시게. 그렇지 않으면 오히려 자네에게 해가 될 수도 있네. 물이란 소중한 것이지만 소가 마시면 젖이 되고 뱀이 마시면 독이 되기 때문이지."

노인은 아리의 손을 꼭 쥐고 당부했었다.

"하지만 당시 난 인생에서 무엇이 값있는지를 몰랐소. 그래서 우선 나 자신을 공경하기로 작정했소. 누구나 그렇듯이 나도 인생의 목적이 행복에 있다고 생각했기 때문이오."

아리는 먼저 자신의 말에 귀를 기울여 자기가 진정 소망하는 것이 무엇인지를 알아보기로 했다. 「캅베드」에 **"자기 자신의 말을 잘 들으려면 자기 자신의 말에 귀를 기울여 자기 자신이**

소망하는 것이 무엇인지를 알아야 한다. 그러면 행복을 얻을 수 있다. 왜냐하면 행복은 자기 자신으로부터 나오기 때문이다."라고 씌어 있기 때문이었다.

그는 무엇보다도 지금 하고 있는 무역업이 과연 자기가 진정 소망하는 것인지를 생각해 보았다. 답은 곧바로 나왔다. 아니었다. 다음으로 외교관은 어떤가도 생각해보았다. 그것도 아닌 것 같았다. 돌이켜 볼 때 무역업이나 외교관은 그가 자기 자신의 말에 귀를 기울여 선택한 소망이 아니었다. 단지 그때그때 당면한 어려움에서 벗어나기 위해 어쩔 수 없이 하게 된 일에 불과했다.

"그럼 뭘까? 내 안에 있는 내가 진정으로 소망하는 것이 뭐란 말인가?"

아리는 난생처음으로 자기 자신의 내면의 소리를 듣고 자신의 진정한 소망이 무엇인지를 알아내기 위해 애를 썼다. 그는 온 정신을 집중하여 골똘히 생각했다. 먼저 호사스런 세계일주 유람선 여행처럼 남들이 세상에 태어나서 가장 하고 싶다고 하는 것들에 대해 곰곰이 생각해보았다. 그 다음은 대통령이나 축구선수같이 어려서부터 꿈꾸던 이런저런 장래희망들도 하나하나 떠올려보았다. 그래도 자신의 진정한 소망이 무엇인지 알 수 없었다. 그래서 생각을 바꾸어보왔다. 이번에는 만일 그가 일 년 후에 죽게 된다면 무엇을 하고 싶은지 생각해보았다.

"그랬더니 바로 생각이 나더군. 나는 세계 제일의 부자가 되고 싶었소. 그 밖에는 대통령도 축구선수도 아무것도 되고 싶지도 않았소. 단 하루를 살더라도 오직 세계 제일의 부자라는 말을 들으며 살다 죽고 싶었소. 당신도 만일 당신의 진정한 소망을 알고 싶다면 이 방법을 써보시오. 당신이 머지않아 죽게 되었다고 생각해보란 말이오. 그러면 당신도 모르고 있는 당신의 진정한 소망이 드러날 거요. 내 생각에는 사람이 자기 자신을 아는 데 이 방법보다 더 좋은 방법은 없소."

나는 슬며시 웃음이 나왔다. 갑자기 철학이라는 것이 별 게 아니라는 생각이 들었다. 아리가 자랑스럽게 떠벌리는 방법은 독일의 하이데거라는 철학자가 '본래적 자기'를 찾는 방법으로 권한 바로 그것이었다.

"더구나 중요한 것은 이 방법으로만 사람은 자신의 진정한 소망과 부질없는 욕망들을 구별할 수 있다는 점이오. 평소에 간절히 원하던 것이라고 하더라도 얼마 후 죽게 된다고 생각하고 나면 곧바로 사라지는 것들은 부질없는 욕망이오. 돈, 권력, 여자 등이 그렇소. 내일이나 모레에 죽을 판에 무슨 돈, 권력, 여자가 필요하겠소. 하지만 소망은 다르오. 머지않아 죽게 된다고 생각할수록 더욱 간절하게 이루고 싶은 것이 그 사람의 소망이오."

참으로 명쾌했다. 나는 지금도 사람의 소망과 욕망을 구분하는 데 그때 아리가 말했던 방법보다 더 나은 방법을 알지 못한다.

"물론 어떻게 하면 마침내 찾은 내 소망을 이룰 수 있을 것인가에 대해서는 전혀 염려하지 않았소. 「캅베드」의 강력한 마법이 그렇게 만들어줄 것을 굳게 믿고 있었기 때문이오. 나는 다만 '그래, 세계 제일의 부자가 되자. 그것이 내 소망이다.'라고 스스로 다짐했소. 그러고 나서 다시 창밖을 내다보니 어느덧 구름이 말끔히 걷히고 저 밑 바다 위로 유유히 떠가는 거대한 유조선 한 척이 보이더군. 바로 그때 내 안에서 자라는 마법의 괴물이 내게 말을 걸어왔소. '저건 어때?'라고."

아리는 불과 5년 후에 세계에서 가장 큰 유조선들을 연이어 주문하는 선주가 되었다. 그가 세운 기록은 대부분 그 자신에 의해서 깨지곤 했다.

## 12
### 대공황을 넘어서

1929년 가을부터 전 세계는 대공황이라는 태풍에 휩싸였다. 10월 24일 목요일에 뉴욕 월가에 있는 증권시장에서 주가가 폭락했다. 소위 '검은 목요일(Black Thursday)'이었다. 그것이 대공황의 시작을 알리는 신호탄이었다. 이후 두 달 사이에 주식가격은 평균 42퍼센트나 급락했다. 파장은 공업공황, 농업공황, 금융공황을 넘어 자본주의의 근간을 흔드는 통화공황으로 번졌다. 피해는 소련 같은 사회주의 국가들을 제외한 전 세계 거의 모든 자본주의 국가들에 미쳤다.

원인은 공급과잉이었다. 1차 대전의 이득국인 미국이 재빠르게 세계경제의 중심으로 대두하며 과잉생산, 과잉투기를 했다. 그런데 소비가 받쳐주지 못하자 그 부작용으로 주식시장이 폭락했다. 먼저 건축·철강·자동차 생산 등 모든 공업 생산이 축소되며 기업들이 줄줄이 도산했다. 거리마다 실업자가 넘쳐났다. 뒤이어 농업·수산업 등 1차 산업 생산자들도 파산했다. 곳곳마다 빈민이 들끓었다.

2008년 가을부터 역시 월가에서 시작된 세계경제위기를 보고 있으면 80년 전에 일어났던 대공황과 유사하다는 느낌이 든다. 만일 내 생각이 옳다면 개인이든 국가든 대응방법도 비슷해야 할 것이다. 따지고 보면 아리는 당시 전 세계에서 대공황을 자신의 성공에 가장 잘 이용한 사람이었다. 그 비법을 그가 내게 말했다. 단순했다. "난 「캅베드」의 가르침을 따랐을 뿐이오."

선박업도 대공황이라는 거대한 재앙을 피해갈 수는 없었다. 무역거래가 거의 이뤄지지 않았다. 부두마다 선박들이 서로 어깨를 맞대고 놀고 있었다. 그래도 유지비는 하루에 수천 달러씩 들어갔다. 선주들은 파산 상태에 진입했고 선원들은 투쟁 상태로 들어갔다. 부두에서는 격렬한 분규가 끊이지 않았고 영사관에는 민원서류가 산더미처럼 쌓였다.

부에노스아이레스에 도착한 아리는 한동안 부에노스아이레스 주재 그리스 영사로 열심히 일했다. 아리는 날마다 부두로 달려 나갔다. 그는 사무실에서 처리할 수 있는 일까지도 사건현장에 나가 처리했다. 일일이 배들을 돌아보며 선장과 선원들을 만나 사건 경위를 직접 들었다. 그 다음 가능한 한 신속하게 처리하기 위해 노력했다. 자연히 선원들뿐 아니라 선주들도 아리를 좋아했다. 아리가 모든 일을 현장에서 처리하는 습관은 이때부터 생겼다. 그것은 물론 영사로서의 업무에 충실하기 위해서였다. 하지만 다른 깊은 뜻이 숨어 있었다.

아리는 마침내 찾아낸 자신의 소망이 이루어지게 하는 일을 한시도 뒤로 미루지 않았다. 대공황이 전 세계를 무섭게 강타하고 있었지만 눈 하나 깜짝하지 않았다. 그는 선박업에 뛰어들 준비를 곧바로 시작했다. **"자기 자신을 기쁘게 하려면 자기 자신의 소망을 이루게끔 도와야 한다. 그러면 행복을 얻을 수 있다. 왜냐하면 행복은 자기 자신으로부터 나오기 때문이다."** 라는 것이 「캅베드」의 교훈이기 때문이었다.

그러고 나서 다시 보니 아수라장 같은 부두는 그가 선박업을 배우는 데 더없이 좋은 학습장이 되었다. 그곳에서 일어나는 크고 작은 골치 아픈 일들은 돈을 주고도 얻기 힘든 생생한 현장실습 교재였다. 이미 스스로 여러 번 경험했듯이 입장을 달리하니 세상이 달라 보였다. 그러니 어찌 사무실에만 앉아 있을 수 있으랴!

아리는 자기가 영사로서 이런저런 분쟁들을 처리하러 가는 것이 아니라 선박업자가 되려고 현장실습을 받으러 부두에 나간다고 믿었다. 뿐만 아니라 그렇게 생각하고 행동했다. 그래서 그는 항상 기쁨이 넘치는 얼굴로 부두에 나타나 모든 일을 자기 일처럼 처리했다. 사람들은 그런 아리를 이상하게 바라보았지만 당연히 그를 무척 좋아했다.

자산총액으로 보면 아리는 이미 백만장자였다. 하지만 선박업을 시작하기에는 턱없이 부족한 재력이었다. 당시 선박업을 시작하려면 최소한 수백만 달러는 마음대로 운용할 수 있는 재력이 필요했다. 하지만 아리가 실제 움직일 수 있는 돈은 그 십분의 일도 채 안 되었다. 게다가 어려서부터 보고 자란 연초사업과는 달리 선박업에 대해서는 아는 것도 부족했다. 그렇지만 아리는 그런 문제들에 대해서는 조금도 염려하지 않았다. 설사 선박업자가 아니더라도 마치 선박업자처럼 생각하고 행동하면 그 밖의 모든 것은 「캅베드」가 알아서 이뤄줄 것이기 때문이다. 그리고 실제로 그랬다.

10년 전인 1921년만 해도 국제적으로 취항할 수 있는 화물선 한 척을 만들려면 적어도 100만 달러가 들었다. 그런데 대공황에 휩쓸린 이후 상황이 달라졌다. 부두에는 취항한 지

10년쯤 되는 중고 선박들이 불과 3만 달러에 나와 있었다. 그 것은 선박을 사서 해상창고로 쓰거나 아니면 뜯어서 고철로 만 팔아도 이득을 볼 수 있는 가격이었다. 상황이 그렇다 보니 아리의 재력으로도 감히 선박업을 넘볼 수 있게 된 것이다. 대공황이 오히려 아리를 도운 셈이다. 어떤 사람에게는 위기인 것이 어떤 사람에게는 기회가 되는 법이다. 물론 아리는「캅베드」의 마법이 돕는다고 생각했다.

뿐만 아니었다. 아리는 부두에서 자신이 날마다 직접 알아내는 정보들 외에도 영사관 직원들을 통해 부에노스아이레스 일대의 중고 선박들에 대한 정보들을 조직적으로 수집했다. 그는 선박들의 적재량, 건조 시기, 가격, 선주 등에 대한 모든 정보와 자료들을 부지런히 모았다. 해외 선박업에 대한 정보나 자료들은 친구인 선박업자 코스타를 통해서 수집했다. 이런 일들을 하는 데 영사라는 직책이 큰 힘이 되었다. 전혀 뜻하지 않게 영사가 된 것을 기억하는 아리는 모든 일들이 처음부터「캅베드」의 마법에 의해 조정되어 진행되고 있다고 생각했다.

아리가 어떤 일을 시작하는 데에 무엇보다도 중요하게 여긴 것은 "**인간은 무엇인가를 공경하려면 그것의 말을 잘 듣고 이해**

**해야 한다. 그러면 그로부터 자기가 원하는 것을 얻을 수 있다."**
라는 「캅베드」의 가르침이었다. 그는 이 가르침이 뜻하는 바가 일에 대한 정보와 자료 수집이라고 해석했다. 그리고 자기가 하는 모든 일을 그 일에 대한 정보와 자료 수집으로부터 시작했다.

아리는 평소에도 무슨 일이든지 주의 깊게 관찰했으며 계산이 항상 빨랐다. 뭔가 관심이 있는 일이 있으면 누가 슬쩍 귀띔만 해줘도 곧바로 조직적인 정보와 자료 수집에 착수했다. 우선 담당자를 만나 자기가 알고 싶은 모든 것에 대한 질문을 폭포수처럼 쏟아놓았다. 그런 다음 몇 시간이라도 조용히 들었다. 아리의 이 같은 태도는 평생 동안 변함이 없었다.

아리와 함께 일한 친구 코스타 그랏소스는 한 인터뷰에서 기자들에게 이렇게 말했다.

"아리는 참 괴상한 사람입니다. 그는 한꺼번에 수백 가지 질문을 던지고 그것에 답하는 보고서를 작성하라고 합니다. 보고서를 내면 거기 적힌 내용들을 하나하나 확인해서 또다시 묻곤 하지요. 그렇게 해서 모든 것을 완전히 파악한 다음에야 무슨 결정이든 내립니다. 아주 신중하지요. 그렇지만 한번 결정을 내리고 나면 무섭게 돌진합니다."

아리는 그의 말이 맞다고 했다. 그것이 아리가 「캅베드」에서 배운 경영방법이었다. 그의 사업이 커진 다음부터는 저택이든, 호텔이든, 선박이든, 그가 있는 곳에는 어디에나 최첨단 통신시설을 갖추었다. 그리고 그것을 통해 전 세계를 상대로 무전과 전보를 쉴새없이 주고받았다. 아리는 그렇게 얻어진 정보와 자료를 의사결정의 토대로 삼았다. 오늘날에는 너무나 당연한 처사이지만 당시 선박업계에서는 무척 새로운 방식이었다. 그것을 아리는 경영학 책에서가 아니라 「캅베드」에서 배웠다.

에피소드가 있다. 아리가 세계에서 가장 호화로운 요트 크리스티나호를 지어 처음으로 공개했을 때였다. 세계 각국에서 초대된 명사들은 페르시아의 황궁 같은 내부시설에 깜짝 놀랐다. 석유재벌인 아랍의 왕자들까지도 부러워했다. 그런데 각국에서 온 외신기자들은 모두 한 번 더 놀랐다. 미국 대통령 전용기보다 더 훌륭하게 갖춰진 최첨단 통신시설 때문이었다.

세계 어느 바다 위에 떠 있든 아리는 자신의 요트 위에서 전 세계와 통신하며 정보와 자료를 주고받았다. 그리고 그것들을 바탕으로 신중하게 판단했다. 그러나 일단 결정을 내리면 곧바로 행동에 착수했다. 털끝만큼도 망설이지 않았고 한 순간도 중단하지 않았다. **"인간은 무엇인가를 공경하려면 그것**

이 설사 그렇지 않더라도 마치 그런 것처럼 생각하고 행동해야 한다. 그러면 그로부터 자기가 원하는 것을 얻을 수 있다."라는 「캅베드」의 가르침 때문이었다.

아리는 언제나 여우같이 듣고 사자같이 행동했다. 그는 내게 말했다.

"성공이란 여우의 귀가 가르쳐주고 사자의 발이 가져다주는 것이오."

# 13
## 위기를 기회로


1931년 10월에 아리는 영사관직을 사직하고 유럽 여행에 올랐다. 세계 선박업계를 직접 돌아보기 위해서였다. 아리는 선박업의 요람지인 런던, 앤트워프, 로테르담, 코펜하겐 등을 돌며 동향을 세밀히 살폈다. 스웨덴 스톡홀름에서는 선박업계의 유력한 인물인 구스타프 산드스트룀을 만나 그와 함께 괴타벨켄에 있는 조선소도 돌아보았다. 그는 후일 이 조선소에 세계에서 가장 큰 유조선들을 연이어 주문했다.

그 후 아테네에 들러 가족들을 잠시 만났다. 그 다음 난생처음으로 미국을 방문해 역시 선박업계를 둘러보았다. 가는 곳마다 선적할 물건이 없는 배들이 항구에 발이 묶여 쉬고 있었다. 크리스마스를 바싹 앞두고 아리는 부에노스아이레

스로 돌아왔다. 모두 석 달 동안에 걸쳐 그는 세계 선박업계
를 조심스레 살폈다. 여우처럼 들었다.

해가 바뀌자 아리는 다시 유럽으로 건너가 세계 선박업의
본거지인 런던에 아예 둥지를 틀었다. 1932년 1월 20일에 아
리는 26살을 축하하는 자신의 생일 파티를 그가 머무는 사보
이 호텔에서 선박업자들을 초대해 열었다. 그리고 자신이 선
박을 매입하려 한다는 사실을 각국에서 온 선박업자들에게
알렸다. 통상 선박업계의 거물들이나 하는 방식이었지만 그
는 전혀 개의치 않았다.

아리는 이제부터는 **"설사 그렇지 않더라도 마치 그런 것처럼"**
생각하고 행동해야 할 때라고 판단했다. 조금도 주저하거나
망설이지 않았다. 그래서 설사 선박업계의 거물이 아니더라
도 마치 그런 것처럼 행동했다. 설사 불황이 계속되고 있을
지라도 마치 호황이 다가올 것처럼 그는 선박 매입을 위한
작업들을 과감하게 추진했다. 사자처럼 행동했다.

아리는 친구 코스타의 삼촌인 데리클레스를 거래 중개인
으로 삼았다. 데리클레스는 어릴 때부터 선박업계에서 잔뼈
가 굵은 거물이었다. 하지만 그도 아리의 저돌적인 선박업
진출에는 머리를 좌우로 흔들며 도리질 쳤다. 아리가 하는
행동들이나 사업방식도 좋게 보지 않았다. 분수에 넘친다고

생각했다. 그의 눈에는 아리가 아무것도 모르고 천방지축 날뛰는 어린아이같이 보였다. 그 바닥에서 평생을 구른 큰손들마저 손을 떼고 물러나는 판이었다. 그런데 새파란 애송이가도대체 무얼 믿고 마치 거물인 것처럼 건방까지 떨어가며 선박업에 뛰어드는지 도무지 이해할 수 없었다.

아리는 데리클레스에게 머지않아 대공황이 끝나고 다시호황이 시작될 것이라고 장담했다. 곧 좋은 소식이 날아올것이라고도 했다. 노회한 그는 믿지 않았다. 상황이 너무 나빴다. 사실은 아리의 생각도 마찬가지였다. 경기가 좋아질 기미는 손톱만큼도 보이지 않았다. 선박 매입도 생각처럼 순조롭지 않았다. 선박업자들은 자기들의 선박들을 부두에 묶어놓고 엄청난 손해를 보고 있었다. 그렇지만 차라리 파산을 할지언정 쓸 만한 선박들을 헐값에 넘길 수는 없다고 버텼다.

아리는 자신의 생각보다는 「캅베드」의 힘을 믿었다. 그리고 언제나 그랬던 것처럼 「캅베드」를 가슴에 품고 마치 주문을 외듯 "좋은 일이 다가오고 있어. 곧 좋은 일이 생길 거야."라고 중얼거리곤 했다. 그러던 어느 날 데리클레스가 급히소식을 전해왔다. 캐나다 철도청 소속인 캐나다 선박회사가8천 5백 톤에서 1만 톤가량의 선박 열 척을 거의 고철 값에내놓았다는 것이다. 아리가 그에게 말했다.

"내가 뭐라고 했습니까! 곧 좋은 소식이 날아올 것이라고 했잖아요. 이것은 시작에 불과해요. 다른 사람들에겐 위기가 우리에겐 기회가 될 거예요. 앞으로 굉장한 일들이 일어날 것입니다."

이번에도 데리클레스는 믿지 않았다. 아리는 즉각 몬트리올로 날아갔다. 데리클레스의 해양 감독관이자 선박 전문가인 조지 칼리니코스와 동행했다. 아리는 배들이 정박해 있는 세인트 로렌스 강으로 갔다. 캐나다 철도청 소속 관리 두 명이 안내했다.

4월인데도 눈이 내리고 있었다. 8천 5백 톤급 네 척은 1차 대전 중에 건조되었다. 하지만 나머지 1만 톤급 여섯 척은 카나디안 뷔커스 사가 불과 2년 전에 만든 선박들이었다. 하얀 눈을 뒤집어쓴 배들은 마치 면사포를 쓴 신부들처럼 아름다운 자태로 아리를 맞았다.

아리는 우선 심호흡으로 설레는 가슴을 진정시켰다. 그리고 동행한 선박 전문가를 시켜 선박들을 점검하게 했다. 그 후 태연하게 1만 톤급 여섯 척을 살 테니 한 척당 2만 달러씩에 팔라고 제안했다. 건조비의 1퍼센트도 채 안 되는 금액이었다. 아무리 대공황 중이라 해도 통상적으로 입에 올릴 수 없는 가격이었다. 하지만 아리는 눈 하나 깜짝하지 않고 값을 불렀다. 이유가 있었다.

아리는 지난 1년 반 동안 오직 한 가지 일에 몰두했다. 그는 부에노스아이레스에서뿐 아니라 유럽과 미국의 선박업계를 직접 돌아보며 중고선박의 거래에 관한 모든 정보와 자료들을 면밀하게 수집했다. 그 결과 이 일에 관한 한 세계의 어떤 거물 선박업자도 따라올 수 없는 식견을 가진 전문가가 되었다.

아리는 캐나다 선박들의 소유주가 철도청이라는 점을 노렸다. 그는 이번에도 먼저 손을 써서 캐나다 철도청의 내부 사정을 세밀하게 알아보았다. **"더 많이 듣고 더 많이 이해할수록 더 많은 수확을 얻는다."**는 것이 「캅베드」의 가르침이기 때문이었다. 그 결과 아리는 철도청 내부 사정뿐만 아니라 관공서 관리들은 손익보다는 업무효율을 더 중요시한다는 것까지도 알아냈다. 그런 다음 모든 것을 감안하여 대공황으로 이미 고철 값이 된 시세의 3분의 1만큼 값을 매긴 것이다. 아무나 할 수 있는 예사로운 일은 아니었다.

캐나다 당국은 당황했다. 처음에는 그 가격으로는 도저히 팔 수 없다고 딱 잘라 말했다. 불쾌한 내색도 감추지 않았다. 산드스트롬이나 쿠쿨리쿤디스 같은 선박업계의 거물들이라

해도 그런 무례한 가격은 입에 올리지 못할 것이라고 투덜거렸다. 모든 수고가 수포로 돌아갈 것 같은 분위기였다. 그러나 다음 날 두 척만 팔겠다고 연락이 왔다. 그러더니 사흘 후에는 네 척으로 불어났고 결국에는 자포자기식으로 여섯 척모두를 계약했다.

그들의 내막에는 그런 가격으로나마 사겠다는 사람이 없었다는 이유가 있었다. 그렇다고 하염없이 놓아두자니 막대한 유지비가 문제였다. 상부에서 하루 바삐 처분하라는 공문이 연일 내려왔다. 대공황의 피해가 최고조에 달할 때였다. 결국 캐나다 철도청은 불과 2년 전에 1,200만 달러를 들여 건조한 배들을 아리에게 겨우 12만 달러에 팔았다. 누구도 상상조차 할 수 없었던 일이 일어난 것이다. 아리의 말이 옳았다. 어떤 사람에게는 위기인 것이 어떤 사람에게는 기회가 된다. 그에게 용기만 있다면 말이다.


"당신이 알아야 할 것은 이 모든 일이 「캄베드」에 의해 이루어졌다는 사실이오. 그리스에서 부에노스아이레스로 돌아가는 비행기를 탈 때까지 나는 한낱 담배 장수였소. 또 비행기에서 바다 위에 떠 있는 배를 내려다볼 때까지 내게는 배가 한 척도 없었소. 그런데 불과 1년 반 만에 1만 톤급 선박을 여섯 척이나 가진 선박업자가 된 것이오. 당시 내 경험과 재력으로는 상상도 할 수 없는 일들이 일어난 것이오. 그런데 내가 한 일이라고는 단지 「캅베드」의 가르침을 고지식하게 따른 것뿐이었소. 놀랍지 않소?"

사실이 그랬다. 불과 2년 전까지만 해도 아리는 자기가 선박업자가 될 수 있으리라고는 상상조차 못했다. 그런데 기적은 그가 **"자신을 공경하려면 첫째는 자기 자신의 말을 잘 들어야 한다. 둘째는 자기 자신을 기쁘게 해야 한다. 셋째는 자기 자신이 설사 그렇지 않더라도 마치 그런 것처럼 생각하고 행동해야 한다."**라는 「캅베드」의 가르침을 따라 자기 자신을 공경하기로 하면서 시작되었다.

아리는 우선 자기 자신의 말에 귀를 기울여 자신의 소망이 세계 제일의 부자가 되는 것이라는 사실을 찾아냈다. 그 다음 그것이 이루어지도록 과감하게 선박업에 뛰어들 작정을 함으로써 자기 자신을 기쁘게 했다. 그리고 거물 선박업자가 아니지만 마치 그런 것처럼 생각하고 행동했다. 그 결과 단번에 1만 톤급 선박을 여섯 척이나 갖게 되었다. 「캅베드」의 마법이 다시 한 번 이뤄진 것이다.

# 14
## 행운의 비밀




아리는 의기양양하게 부에노스아이레스로 돌아왔다. 1932년 8월이었다. 하늘이 투명했고 햇살이 눈부셨다. 아리는 즉시 선박회사를 설립하고 '올림픽 해운'이라 이름 붙였다. 선박 사무소는 오랫동안 선박업에 종사해온 사촌 니콜라스에게 맡겼다. 그러나 대를 물려가며 선박업에 종사해온 유력한 집안들은 아리를 선박업자로 인정하지 않았다. 특히 쿠쿨리쿤디스나 엠비리코스 같은 굴지의 선박업 명가에서는 상대조차 해주지 않았다. 그들의 생각은 단호했다.

"애송이가 때를 잘 만나 배는 싸게 살 수 있었지만 결코 선박업을 해낼 수는 없다. 수백 년의 전통을 가진 선박업이다. 아무 경험도 없는 풋내기가 배만 몇 척 갖고 있다고 냉큼 시작할 수 있는 만만한 사업이 아니다. 더구나 사상 유래가 없는 불황이지 않은가. 배를 부두에 대놓고 한 번 움직여보지도 못하고 손을 뗄 것이다."

당연한 생각이었다. 일찍이 아리와 같이 빈약한 재력과 경험으로 선박업에 뛰어든 예가 없었다. 게다가 전 세계가 대공황에 휩싸여 헤어나지 못하고 있었기 때문이다.

그럼에도 그 예상은 보기 좋게 빗나갔다. 아리는 자신이 매입한 선박들을 부두에 세워두지 않았다. 그는 극심한 불황과 경험 부족에도 전혀 두려워하지 않았다. 대신 「캅베드」의 신비로운 힘을 믿었다. 아리는 배 여섯 척 가운데 우선 두 척을 곧바로 취항시켰다. 이름은 '오나시스 소크라테스'와 '오나시스 페넬로페'라고 붙였다. 자기 아버지와 어머니의 이름에서 따온 것이다. 두 달 후에는 쉬고 있던 나머지 네 척의 배들도 모두 바다에 풀어놓았다.

그런데 신기하게도 아리의 선박들에는 그때마다 곧바로 일감들이 생겼다. 먼저 아르헨티나 최고 신문 「데일리 메일」을 위해 활자와 인쇄기계들을 캐나다에서 수송해 왔다. 또 부에노스아이레스에서 영국으로 곡물을 실어 가기도 하고 영국의 뉴캐슬에서는 부에노스아이레스로 석탄을 실어 오기도 했다. 그동안 다른 배들은 여전히 부두를 지키고 있었다.

오직 아리의 선박들만 부지런히 대서양과 태평양을 오갔다. 다른 선박업자들은 깜짝 놀랐지만 이유가 있었다.

아리는 선박업에도 「캅베드」의 가르침을 어김없이 도입했다. 이미 아리에게는 자기가 하는 일을 공경하는 것이 습관이 되어 있었다. 「캅베드」는 **"일을 공경하려면 일의 말에 귀를 기울여 일이 소망하는 것이 무엇인지를 알아야 한다. 그러면 일이 주는 대가와 이익을 더 많이 얻을 수 있다."**고 가르쳤다. 아리는 그 가르침대로 따랐다.

그는 우선 선박업이 소망하는 것이란 선박업이 풀어야 할 과제라고 생각했다. 그리고 그것이 무엇인지 알기 위해 귀를 기울였다. 당시 선박업자들은 조상 대대로 해오던 방식대로 화주들과의 친분과 사교를 통해 사업을 했다. 항해술과 통신 시설은 옛날 그대로 형편없었다. 아리가 보기에는 그것이 문제였다. 아리는 회사를 차리자마자 최첨단 통신설비를 구비하고 그것들을 이용한 새로운 항해술을 도입했다. 뿐만 아니라 전 세계에서 화물과 화주들에 대한 자세한 정보들을 신속하게 모았다.

아리는 수천 마일 떨어진 항구에 쌓여 있는 화물들의 종류와 수량, 그리고 화주를 세밀하게 파악하였다. 그런 다음 누구보다 먼저 연락을 취하고 재빨리 배를 보냈다. 또한 수시로 변하는 비용과 이익을 그때마다 산출해서 화물운송비를 조정했다. 그럼으로써 화주들을 기쁘게 했다. 그의 판단으로는 이런 일들이 화주들의 소망이자 당시 선박업이 풀어야 할 과제였다.

이윤에 매달리지는 않았다. 배를 거의 줍다시피 헐값에 산 만큼 당분간 손해를 보아도 좋다고 생각했다. 그래서 어떤 때에는 부에노스아이레스에서 급히 곡물을 실어 가려는 화주를 위해 뉴캐슬에서 아직 석탄을 적재하지 못한 선박들을 부르기도 했다. 또 어떤 때는 오스트레일리아까지 갔다 빈 배로 돌아오기도 했다. 간혹 화물을 반도 못 채우고 뉴욕으로 출항하기도 했다. 그럴 때면 당연히 손해를 보았다.

다른 선박업자들은 이런 경우 배를 움직이지 않아 화주들이 곤경에 빠지곤 했다. 아리는 손해를 무릅쓰고 부지런히 화물들을 날랐다. 화주들이 파산하면 선박업도 당연히 더 어려워지기 때문이었다. 그 결과 아리에 대한 화주들의 신용이 나날이 자라났다. 물론 쉬운 일은 아니었다. 그러나 아리는 오직 **"일을 기쁘게 하려면 일이 소망하는 것을 이루게끔 도와야 한다. 그러면 일이 주는 대가와 이익을 더 많이 얻을 수 있다." "사람을 기쁘게 하려면 사람이 소망하는 것을 이루게끔 도와야**

한다. 그러면 사람이 주는 대가와 이익을 더 많이 얻을 수 있다."
라는 「캅베드」의 가르침을 따라 선박업과 화주들을 우직하
게 공경했다.

　바로 그것이 유난히 배타적인 선박업계에 아리가 짧은 시
간 안에 진입하는 발판이 되었다. 어느덧 아리에게 맡기면
언제 어디서나 가장 빠르게 수송할 수 있다는 소문이 화주들
사이에 퍼졌다. 그러자 아리의 배들은 대공황 중에도 쉴새없
이 유럽과 남미를 오갔다. 1933년 후반으로 접어들며 대공
황이 끝나가고 물동량이 차츰 늘기 시작했다. 더불어 아리가
선박업계에 새로운 강자로 떠올랐다. 모두가 손을 떼는 불황
가운데서 선박업에 뛰어든 지 불과 1년이 조금 지나서였다.


　"공경이란 언제나 공경을 받는 쪽보다 공경하는 쪽에게 이
익을 가져다주오. 때문에 모든 공경은 알고 보면 사실은 자
기 공경인 것이오. 그것이 「캅베드」의 근본 원리요. 일을 공
경하는 것이 곧 자기 자신을 공경하는 것이 되고, 다른 사람
들을 공경하는 것도 결국은 자기 자신을 공경하는 것이 된다
는 말이오. 믿을 수 있겠소? 사람들은 이 엄연한 사실을 의심
하고 망설이오. 오직 그 때문에 죽는 날까지도 자기 자신의
간절한 소망을 이루지 못하는 것이오. 안타깝지 않소?

「캄베드」의 가르침을 따르는 사람에게 필요한 것은 우직한 믿음과 용기뿐이오. 내가 때로는 어리석어 보일 만큼 우직하게 「캄베드」의 가르침을 따를 수 있었던 것은 아마 배운 것이 부족해서였을 것이오. 난 대학은 문턱도 밟아보지 못했고 회사를 경영하는 일이나 세상을 사는 일에 대해서도 아는 것이 전혀 없었소. 때문에 내가 믿고 의지했던 것은 오직 「캄베드」뿐이었소. 그래서 그 가르침만을 우직하게 따랐던 거요. 그런데 그것이 오히려 나를 도왔소."

자신의 경험을 바탕으로 한 말이었다. 선박업을 시작하고 화물과 화주들에 대한 정보를 모으는 가운데 아리는 화주들의 어려움과 소망을 자연스레 알게 되었다. 당시 화주들이 겪는 가장 큰 어려움은 대공황으로 물동량이 줄자 선박운항 횟수도 적어져 적기에 화물들을 실어 나를 수 없는 것이었다. 그래서 파산하는 사람들도 많았다. 아리는 그 어려움을 풀어 화주들에게 기쁨을 주는 것이 화주들과 선박업을 동시에 공경하는 것이라고 생각했다. 그리고 손해를 보아가며 우직하게 그 일을 했다. 그런데 결과는 자기의 성공으로 되돌아와 결국 자신을 공경하는 일이 되었다. 당연히 「캄베드」에 대한 아리의 믿음과 용기가 더욱 자라났다.

훗날 코스타는 당시 아리에 대해 그의 삼촌 데리클레스가 한 말을 농담 삼아 늘어놓곤 했다.

"아리에게는 바다의 여신이 따라다닌다. 머지않아 선박업계의 거물이 될 것이니 그와 가까이 지내는 것이 좋을 것이야."

데리클레스는 늙은 여우 같은 인물이었다. 그는 아리가 거머쥔 행운과 성공은 오직 위기를 기회로 바꾸는 그의 용기와 추진력에서 나왔다는 것을 곧바로 간파했다.

모두들 배를 못 팔아 안달일 때 오히려 사들였기 때문에 거저 얻다시피 배들을 갖는 행운을 붙잡았고, 모두들 거부하는 운송을 손해를 보아가며 혼자 떠맡았기 때문에 단시일에 선박업계에 자리를 잡는 성공을 이루었다. 따지고 보면 꼭 아리가 아니더라도 누구나 아리처럼 그렇게 했다면 당연히 얻을 수 있는 행운과 성공이었다. 그러나 문제는 당시 상황으로 보아 어느 누구도 그렇게 할 용기와 추진력이 없었다는 것이다.

데리클레스가 이해할 수 없는 점이 바로 그것이었다. 다른 사람으로서는 흉내조차 낼 수 없는 아리의 놀라운 용기와 추진력이 도대체 어디에서 나오는지는 그는 도무지 알 수 없었다. 그래서 속 편하게 아리에게는 바다의 여신이 돕는 행운이 함께하고 있다고 생각한 것이다. 아리가 선박업계의 거물이 되리라는 그의 예언은 적중했다. 그러나 아리에게 바다의 여신이 돕는 행운이 있다는 그의 생각은 빗나갔다. 아리의 용기와 추진력, 그리고 행운은 모두 「캄베드」의 가르침에서 비롯되었기 때문이다.

아리는 그때를 회상하며 말했다.

"「캄베드」의 가르침을 따라 자기 자신을 공경하는 사람은 누구나 나처럼 다시 한 번 세상에 태어나 사는 행운을 맛보게 되오. 다른 사람이 아닌 자기 자신으로 사는 행운 말이오. 또한 다른 세상이 아닌 자기 자신이 만든 세상에서 사는 행운 말이오. 그때 느끼는 자신감과 행복감은 맛보지 않은 사람은 상상조차 할 수 없소. 이렇게 자신감 넘치고 행복한 사람이 되는 것, 이것이 진정으로 자기 자신을 공경하는 것이 아니겠소?"

「캄베드」의 신비는 결국 「캄베드」가 사람을 새롭게 만든다는 데에 있었다. 「캄베드」는 나약한 사람을 강한 사람으로, 소심한 사람을 대범한 사람으로, 부정적인 사람을 긍정적인 사람으로, 겁 많은 사람을 용기 있는 사람으로, 수동적인 사람을 능동적인 사람으로, 의심 많은 사람을 믿음 있는 사람으로, 불행한 사람을 행복한 사람으로, 그리고 무엇보다도 진정한 자기 자신으로 바꾸어놓는 힘을 갖고 있다.

# Ⅲ-Ⅱ 사람은 다른 사람을 공경해야 한다

다른 사람을 공경하려면

첫째는 다른 사람의 말을 잘 들어야 한다

둘째는 다른 사람을 기쁘게 해야 한다

셋째는 다른 사람이  설사 그렇지 않더라도 마치 그런 것처럼

생각하고 행동해야 한다

그러면 부귀와 명예 그리고 권력을 얻을 수 있다

왜냐하면 부귀와 명예 그리고 권력은

다른 사람들로부터 나오기 때문이다


다른 사람의 말을 잘 들으려면

다른 사람의 말에 귀를 기울여

다른 사람이 소망하는 것이 무엇인지를 알아야 한다

그러면 부귀와 명예 그리고 권력을 얻을 수 있다

왜냐하면 부귀와 명예 그리고 권력은

다른 사람들로부터 나오기 때문이다


다른 사람을 기쁘게 하려면

다른 사람의 소망을 이루게끔 도와야 한다

그러면 부귀와 명예 그리고 권력을 얻을 수 있다

왜냐하면 부귀와 명예 그리고 권력은

다른 사람들로부터 나오기 때문이다


다른 사람이 설사 그렇지 않더라도 마치 그런 것처럼

생각하고 행동하려면

다른 사람이 진정 그렇다고 믿어야 한다

그러면 부귀와 명예 그리고 권력을 얻을 수 있다

왜냐하면 부귀와 명예 그리고 권력은

다른 사람들로부터 나오기 때문이다


솔로몬이 그랬다

그래서 솔로몬은 모든 것을 다 가졌다


신은 인간을 창조할 때

다른 사람에 대한 공경과 부귀와 명예 그리고 권력을 함께 묶어놓았다

인간은 다른 사람의 말을 잘 듣고 다른 사람을 기쁘게 하고

다른 사람이 설사 그렇지 않더라도 마치 그런 것처럼 믿어야 한다

그러면 부귀와 명예 그리고 권력을 얻을 수 있다

# 15
## 직원과 고객


1934년부터 아리는 유조선에 손을 뻗기 시작했다. 선박업을 시작한 지 겨우 2년이 된 때였다. 당시 세계 선박업계는 새로 부상하는 스칸디나비아계와 몇 세기 전부터 선박업에 종사해온 그리스계로 나뉘었다. 보수적인 그리스계 선박업자들은 건조화물만 취급하고 기름 같은 유동성화물은 피했다. 위험하다는 이유에서였다. 자연히 유동성화물은 스칸디나비아계 선박업자들이 독점을 했다. 그러나 아리는 다른 그리스계 선박업자들과 달랐다. 「캅베드」를 손에 쥔 그에게는 두려움이 전혀 없었다. 그는 먹이를 쫓는 사자 같은 용기로 유조선 사업에 덤벼들었다.

방법은 언제나 똑같았다. 먼저 여우처럼 들었다. 아리는 2

년 전 선박업계 동정을 살피기 위해 유럽을 방문한 적이 있었다. 그때 스웨덴 스톡홀름에서 스칸디나비아계 선박업계의 거물인 산드스트룀을 만나 그와 함께 괴타벨켄 조선소에 갔다. 거기서 조선소 사장인 네른스트 헤덴을 알게 되었다. 이미 그때부터 아리는 그 두 사람을 통해 꾸준히 유조선과 석유업계에 대한 정보와 자료들을 수집해왔다. 조사가 끝나자 여느 때와 마찬가지로 즉시 실행에 옮겼다.

1934년 8월 아리는 헤덴 사장에게 1만 5천 톤급 유조선 한 척을 주문했다. 그러자 조선소 기술자들이 외쳤다.

"어림도 없는 일이지."

"한마디로 미친 짓이야!"

당시 유조선들은 보통 9천 톤급이었다. 1만 2천 톤만 되어도 너무 크다는 평을 받았다.

"1만 5천 톤이라고? 석유업자들이 좋아하지 않을걸. 너무 커서 말이야."

헤덴 사장의 반응이었다.

그러나 아리의 생각은 달랐다. 그가 그동안 부지런히 수집한 정보와 자료에 따르면 앞으로 석유수송량이 점점 늘어날 추세였다.

"대공황 이후 세계 곳곳에서 공업화가 이뤄지고 있다. 공업화는 석유 없이는 불가능하다. 그렇다면 이에 맞춰 유조선도 대형화될 수밖에 없다."

이것이 아리의 판단이었다.

괴타벨켄 조선소 측의 강력한 반대에도 불구하고 아리는 1만 5천 톤급 유조선을 16만 파운드에 계약했다. 대금의 25퍼센트는 공사 기간 중에 지불하고 나머지는 10년 기한으로 균등상환하기로 합의를 봤다. 아리는 이 유조선의 이름을 미리 '아리스톤'이라 지었다. 아리가 건조한 첫 번째 유조선이었다.

아리스톤호가 만들어지는 동안 아리는 석유회사와 취항항로를 개척하기 위해 수차례 미국을 왕래했다. 그 결과 석유재벌 폴 게티 소유의 타이트워터 사와 계약을 맺었다. 샌프란시스코에서 일본의 요코하마까지 일 년에 아홉 번 석유를 수송한다는 내용이었다. 이 항로를 아홉 번 항해하려면 유조선이 일 년 내내 쉴새없이 움직여야 한다. 석유수요자는 일본의 세계적인 기업 미쓰이였다. 그런데 알고 보니 미쓰이 사는 더 많은 석유수송이 필요했다.

아리는 주저하지 않고 다시 두 척의 유조선을 더 주문했다. 16만 5천 파운드짜리 '아리스토파네스호'와 17만 파운드짜리 '부에노스아이레스호'였다. 점점 더 큰 유조선을 주문한 셈이다. 아리스톤호가 완성되기도 전이었다. 그런데 아리가 주문한 선박들에는 '세계에서 가장 큰 유조선'이라는 기록 말고도 '세상에서 가장 호화스런 유조선'이라는 신기록이 붙어다녔다. 선원들이 기거하는 거실마다 피아노를 들여놓고, 침실마다 일인용 침대들을 구비했기 때문이었다. 호텔 수준의 주방시설을 갖추고 수영장까지도 만들었다. 당시 조선소 기술자들은 지나치게 사치스럽다고 반대했다. 헤덴 사장까지 앞장서서 말렸다.

"아리, 자네가 모르는 것 같아 하는 말인데 유조선은 호화유람선이 아닐세. 그렇게 만들면 안 되네!"

그래도 아리는 자신의 고집을 결코 꺾지 않았다. 그 나름대로 확고한 신념이 있기 때문이었다.

아리가 평생 유지한 경영철학이 있다. 두말할 것 없이 공경이다. 그는 우선 자기 회사에 속한 직원들을 「캅베드」의 가르침대로 공경했다. 그 다음 고객들을 역시 「캅베드」의 가르침대로 공경했다. 사업을 시작하기 전부터 아리는 자기 자신과 일을 공경하는 법을 몸에 익혔다. 그는 평생 자기 자신을 공경했고 죽을 때까지 일을 공경했다. 사업을 시작하고 나서는 그 위에 자기 회사에 속한 직원과 또 고객들을 공경하는 일을 더했다. **"사람이 다른 사람을 공경하면 부귀와 명예 그리**

고 권력을 얻게 된다. 왜냐하면 부귀와 명예 그리고 권력은 다른 사람들로부터 나오기 때문이다."라는 것이 「캅베드」의 가르침이기 때문이었다.

아리는 평소 무뚝뚝하고 퉁명스레 말하는 성격이었다. 그렇지만 듣는 데는 명수였다. 이것도 「캅베드」의 가르침을 따른 것이다. 특히 자기 회사의 직원이나 선원들의 말에는 누구보다도 먼저 귀를 기울였다. 눈코 뜰 새 없이 바쁜 중에도 그들의 말을 직접 듣고 그들이 원하는 것들을 알아내려고 노력했다. 그리고 가능한 한 그것이 이뤄지도록 도와줌으로써 그들을 기쁘게 했다.

뿐만 아니었다. 아리는 직원이든 선원이든 설사 최고가 아니더라도 마치 그런 것처럼 생각하고 항상 업계 최고의 수준으로 대접했다. 그럼으로써 그들이 기쁨과 자부심을 갖고 일하도록 만들었다. '세상에서 가장 호화스런 유조선'이라는 비난이 터져 나올 정도로 유조선 안에 선원들을 위한 시설을 훌륭하게 구비하게 한 것은 그 한 예에 불과했다. 이유는 회사의 모든 부귀와 명예 그리고 권력이 그들로부터 나온다고 굳게 믿었기 때문이다. 그가 기회가 있을 때마다 외친 "사원은 회사의 보물이다."라는 말도 이런 믿음에서 나왔다.

아리의 이런 생각들은 1930년대만 해도 찾아보기 어려운 경영마인드였다. 회사에서는 물론이고 대학 강단에서도 듣기 힘들었다. 오직 **"다른 사람을 공경하려면 첫째는 다른 사람의 말을 잘 들어야 한다. 둘째는 다른 사람을 기쁘게 해야 한다. 셋째는 다른 사람이 설사 그렇지 않더라도 마치 그런 것처럼 생각하고 행동해야 한다. 그러면 부귀와 명예 그리고 권력을 얻을 수 있다. 왜냐하면 부귀와 명예 그리고 권력은 다른 사람들로부터 나오기 때문이다."**라는 「캅베드」의 가르침에서만 나올 수 있는 경영철학이었다.

수백 년을 내려오는 선박업계에서는 전통적으로 선원들을 거칠고 인색하게 다루었다. 당연히 이직률과 사고율이 높았다. 하지만 아리는 달랐다. 그는 "바다의 아들들은 모두가 형제다."라고 선포했다. 선박 사무소를 지휘하는 니콜라스에게 항상 이렇게 당부했다.

"배를 타는 사람들은 가난한 사람들이지. 사람들은 풀 한 포기라도 자기 것이 있으면 바다로 나가지 않아. 먹고살 수만 있다면 부모 형제와 애인을 떠나 고독하게 바다로 나갈 사람이 있겠어? 찢어지게 가난하니까 할 수 없이 나가는 거지. 그들에게 최대한 잘 대해주게. 형제처럼 대하란 말이야! 자네가 누리는 부귀와 명예와 권력은 모두 그들에게서 나온 것일세."

반면에 선원들에게는 이렇게 말했다.

"당신의 소망이 우리 회사에서 이뤄져 하루 빨리 집으로 돌아갈 수 있길 바라오. 나를 보시오. 난 불과 10년 전에는 타국에 무일푼으로 떨어진 소년이었소. 그런데 지금은 유조선을 가진 선박회사 사장이오. 당신도 할 수 있소."

당연히 각 분야에서 최고 수준의 직원들과 노련한 선원들이 아리의 회사로 몰려들었다. 그들은 모두 자기가 최고라는 자부심과 이 회사를 통해 자신들의 소망을 이루겠다는 각오로 기쁘게 일했다. 능률이 올라가고 이직률과 사고율은 떨어졌다. 당시 선박업은 사고가 잦을 뿐 아니라 한 번의 사고로도 회사가 흔들릴 수도 있는 업종이었다. 아리의 회사는 업계에서 가장 낮은 이직률과 사고율을 기록했다.

1938년 6월에 드디어 아리스톤호가 건조되어 첫 출항을 했다. 아리는 직접 배에 올라 스웨덴 그테볼그에서 미국 샌프란시스코까지 이어지는 처녀항해를 즐겼다. 그 후 아리스톤호는 샌프란시스코와 요코하마를 부지런히 오가며 출항한 지 1년도 채 안 되어 모든 건조비용을 빼냈다. 연이어 출항한 아리스토파네스호와 부에노스아이레스호는 더 빠른 기간에 건조비를 모두 건졌다. 효율적인 관리와 무사고가 기반이 되었다. 아리의 말대로였다. 공경은 공경 받는 쪽보다 공경하는 사람에게 언제나 더 큰 이익을 가져다주었다.

아리가 고객을 공경하는 방법도 똑같았다. 그는 항상 고객의 말에 귀를 기울였다. 직접 만나든 아니면 무전이나 전보 같은 통신시설을 통해서든 그는 끊임없이 고객들과 접촉했다. 그런 가운데 그들의 소망을 알아내어 그것이 이뤄지도록 도와 그들을 기쁘게 하려고 애썼다. 고객을 위해서라면 손해를 보면서도 화물을 나른 것이 그 한 예다. 고객들의 소망은 대부분 사업과 관련된 것이었지만 간혹 사적인 것도 있었다. 아리는 그런 것들까지 이뤄지도록 도왔다.

뿐만 아니라 역시 「캅베드」의 가르침을 따라 고객 하나하나를 설사 최고의 고객이 아니더라도 마치 그런 것처럼 생각하고 최고로 대접했다. 회사의 모든 부귀와 명예 그리고 권력이 그들로부터 나온다고 믿었기 때문이다. 아리는 지금은 널리 알려진 "고객은 왕이다."라는 말은 자기가 만들어 사용한 말이라고 했다. 사실이야 어쨌든 그는 이 말을 항상 입에 달고 다녔다.

1933년, 아리가 선박업을 막 시작했을 무렵에 그의 이러한 경영철학을 잘 보여주는 사건이 터졌다. 그의 화물선인 피로 피넬호가 아르헨티나를 떠나 로테르담으로 향했다. 그곳에서 화물의 일부를 풀고 다시 코펜하겐으로 떠나려는데 말썽이 생겼다. 선박의 요리사가 병이 났다. 그러자 로테르담 주재 그리스 영사는 요리사가 완쾌될 때까지 출항 금지령을 내렸다. 그런데 로테르담에서 출항이 늦어지면 남은 일정에 차질이 생긴다. 당연히 고객들에게 피해를 줄 수밖에 없는 상황이었다.

런던에 머물고 있던 아리가 소식을 듣고 즉시 로테르담으로 날아갔다. 도착해보니 밤이 깊고 안개가 짙었다. 출항 예정시간까지는 8시간가량이 남았다. 그렇지만 사건은 잘 풀릴 것 같았다. 영사관 업무에 대해서는 아리가 누구보다도 훤히 알고 있었다. 게다가 마침 로테르담 주재 그리스 영사가 예전부터 잘 아는 고교 동창생이었다.

밤이 늦었지만 아리는 즉시 관저로 찾아가 영사를 만났다. 사정을 설명하고 출항 금지령을 풀어주길 부탁했다. 그런데 뜻밖의 사태가 벌어졌다. 오랜 친구이기도 한 영사가 아리의 요청을 단호하게 거절했다. 규칙을 어길 수 없다는 이유에서였다. 난감하기가 그지없었다. 아리는 두말하지 않고 돌아섰다. 내일 아침 자기 배에서 잠시 만나자는 말만을 남겼다.

영사관저를 나온 아리는 곧바로 런던에 있는 변호사에게 전화를 해서 피로피넬호의 국적을 즉시 파나마로 바꾸게 했다. 대공황을 겪으며 파나마는 선박업에 그리스보다 훨씬 유리한 법규를 적용했다. 취항행로 선택이 자유롭고, 선원의 고용이나 해고도 선주의 재량에 맡겼다. 따라서 상당수의 선박 업자들이 자기들 소유의 선박들을 파나마 국적으로 바꿨다. 그러나 아리는 그리하지 않았다. 그리스인으로서 자부심 때문이었다.

다음 날 아침에 영사가 약속대로 오나시스 피로피넬호에 도착했다. 아리는 먼저 그에게 최고급 샴페인을 정중하게 대접했다. 그 다음 조심스럽게 싸둔 물건 하나를 건네며 말했다.

"자, 여기 있네. 자네 나라 국기일세. 파나마 선박에 탄 소감이 어떤가?"

오나시스 피로피넬호는 예정 시간에 파나마 국기를 펄럭이며 코펜하겐으로 향했다.

아리는 화주들과의 약속을 지키기 위해서라면 선적까지도 과감하게 바꾸었다. 그가 불과 2년 전에는 부에노스아이레스 주재 그리스 영사였다는 점과 죽는 날까지 그리스를 사랑한 것을 감안하면 결코 쉬운 일이 아니었다. 그렇지만 아리는 그 어떤 것보다도 고객을 먼저 생각했다.

언젠가 아리는 그의 오랜 친구 코스타에게 말했다.

"나는 사업을 하면서 고객과 한 번 한 약속은 어떤 일이 있더라도 지켜야 한다고 생각하네. 설사 50년이 지났다고 하더라도 말일세. 전화로 언약했든지, 점심을 들며 합의를 보았든지, 아니면 골프를 치면서 언질을 주었든지, 그것이 비록 구두로만 이뤄졌다고 하더라도 한 번 약속을 했으면 끝까지 지켜야만 한단 말이네. 왜냐하면 회사의 모든 부와 명예 그리고 권력이 고객으로부터 나오기 때문이라네."

# 16

## 할리우드 환상

1939년 9월 3일에 영국과 프랑스가 독일에 선전포고를 함으로써 제2차 세계대전이 터졌다. 당시 아리의 사업은 전 세계로 뻗어나가고 있었다. 그의 선박들은 뉴욕, 뉴캐슬, 부에노스아이레스, 스톡홀름, 샌프란시스코, 요코하마를 쉴새없이 오갔다. 이에 맞춰 아리도 역시 뉴욕, 런던, 부에노스아이레스, 파리, 스톡홀름을 부지런히 드나들었다. 그런 가운데 그의 재산은 천문학적으로 불어났다.

전쟁이 터졌을 때 아리는 런던의 사보이 호텔에 살고 있었다. 그의 유조선들은 미국과 스칸디나비아 반도에 있는 항구들에 정박하고 있었다. 천만다행이었다. 당시 영국과 프랑스는 스칸디나비아 3국을 지원했다. 노르웨이가 가진 여러 항구들을 확보하고 스웨덴의 철광석을 장악함으로써 독일의 군수산업에 타격을 주기 위해서였다. 그래서 아리의 배들은 일단 안전할 것 같았다. 그러나 아리가 믿었던 안전은 그리 오래 가지 않았다.

1940년 4월 9일에 독일은 덴마크를 침공했다. 동시에 노르웨이를 침입하여 영국과 프랑스 연합군을 격퇴시켰다. 상황이 갑자기 나빠졌다. 스웨덴 괴테볼그에 머물던 아리의 배들은 발이 묶였고, 그 밖의 선박들은 노르웨이에서 징발 당했다. 아리는 곧바로 미국으로 건너가 나머지 선박들을 일본에 팔아버렸다. 전쟁이 삽시간에 전 세계로 번져 쉬 끝날 것 같지 않았기 때문이었다.

아리는 다시 연초사업에 손을 댔다. 그러나 이번에는 발칸산 연초 대신 전쟁에 방해를 받지 않는 쿠바와 브라질에서 연초를 사들여 미국과 아르헨티나에 팔았다. 그럼으로써 여전히 큰 수입을 냈다. 그렇지만 전쟁이 계속되는 한 선박업은 당분간 불가능했다. 아리는 다른 투자처를 찾으며 일단 쉴 수밖에 없는 처지가 되었다.

해가 바뀌자 아리의 나이가 35살이 되었다. 그는 본래 타고난 정력가였다. 사업에 몰두할 때는 며칠씩 밤을 새우고도 지칠 줄을 모르고 일을 했다. 그런데 사업이 소강상태로 들어가자 그는 넘치는 정력을 다른 곳에 쓰기 시작했다. 아리는 전쟁 동안 여자들에게 정력을 쏟았다. 그는 뉴욕의 파크 에비뉴 57번가에 있는 릿츠 타워 호텔 37층에 머물며 54번가에 자리한 클럽들을 드나들었다. 거기에서 주로 예술인들, 특히 매력 있는 여배우들과 가깝게 지냈다.

아리는 키가 훤칠한 것도 아니고 썩 잘생긴 편도 아니었다. 하지만 여자들은 아리를 좋아했다. 대부분 그의 돈 때문이었다. 게다가 아리는 여자들을 기쁘게 하는 다양한 기술들을 터득하고 있었다. 그 가운데 가장 강력한 무기가 **"사람을 공경하면 사람이 주는 귀중한 보물을 더 많이 얻을 수 있다."**라는 「캅베드」의 가르침이었다. 아리는 공경의 힘을 이용하면 어떤 여자에게서라도 자신이 원하는 것을 얻어낼 수 있다는 것을 경험을 통해 잘 알고 있었다. 아리에게 처음으로 그것을 가르쳐준 사람은 그가 부에노스아이레스에서 만났던 러시아 출신 발레리나 카타리나였다.

아리는 평생 정상적인 가정관과 여성관을 갖지 못했다. 어려서 어머니를 잃고 자라나 일찍부터 혼자서 외국을 떠돌며 산 그는 정상적인 가정생활에 대해 배울 기회가 없었다. 말년에는 그것이 그의 불행이 되었다. 하지만 젊은 시절에는 자기가 그런 줄조차 모르고 살았다. 아리에게 여자는 저녁식사 후에 남자라면 으레 피워 무는 담배 한 대와 같았다. 따라서 한 여자에게 충실해야 한다는 생각은 그에게는 '대단히 남자답지 못한' 발상에 불과했다.

그가 가진 여자에 대한 관념은 남자는 매력적인 여자를 만나면 '예의로라도' 그녀와 자고 싶다고 말해야 한다는 것이었다. 무척 특이한 발상이다. 하지만 그리스 최고의 신인 제우스가 난봉꾼인 것을 감안하면 이러한 사고방식은 다분히 그리스적인지도 모른다. 같은 그리스 출신 작가 니코스 카잔차키스가 쓴 『그리스인 조르바』를 보아도 그렇다. 세계적으로 사랑받고 있는 이 걸출한 작품에서 주인공 조르바는 이렇게 말한다.

"여자를 만나는 남자는 모두 여자에게 너를 갖고 싶다고 말해야 합니다. 여자란 가엾게도 그것을 원하고 있어요. 그러니까 남자면 여자에게 그렇게 말하고 여자를 기쁘게 해주어야 합니다."

어디 그뿐인가. 한 술 더 뜬다.

"산다는 게 뭘 의미하는지 아시오? 허리띠를 풀고 말썽거리를 만드는 게 바로 삶이오."

아리는 『그리스인 조르바』를 읽지 않았다. 이 책은 1947년에 파리에서 처음 출간되었는데 아리는 훨씬 전부터 조르바처럼 행동했다. 그는 남자다운 남자라면 응당 그렇게 해야 하는 것으로 생각했다. 상대가 만만치 않게 나올 때는 「캅베드」의 가르침을 빌려서라도 일을 성사시켰다. 물론 파크 에비뉴 54번가 클럽에서 만나는 여자들은 그럴 필요도 없이 먼저 아리의 침대 속을 파고들었다.

그 무렵 아리가 자주 드나들던 클럽은 '몬테카를로'였다. 여기에서 그는 브로드웨이에서 활동하는 여배우들뿐 아니라 할리우드 영화제작자들을 사귀었다. 그것이 계기가 되어 1940년 겨울, 아리는 눈발이 스산하게 휘날리는 뉴욕을 뒤로하고 햇볕과 영화와 환상이 넘치는 할리우드로 거처를 옮겼다. 그곳에서는 베벌리 힐즈 호텔에 머물렀다.

할리우드 사교계는 젊은 백만장자를 환영했다. 전쟁으로 침체에 빠진 할리우드에 새로운 돈줄이 될 수 있기 때문이었다. 그리스계 미국인이자 20세기 폭스 사의 사장인 스피로스 스코우라스가 아리를 특히 좋아했다. 두 사람은 곧바로 친구처럼 지냈다. 아리도 물론 투자를 염두에 두고 있었다. 선박들을 팔아 생긴 막대한 자금을 묶어두고 있었기 때문이다.

아리는 할리우드에서도 매력적인 여배우들과 어울리며 술

한 염문을 퍼트렸다. 그렇지만 그는 대수로운 로맨스가 있었던 것은 아니라고 내게 시치미를 뗐다. 단지 짤막한 에피소드 하나만 들려주었다.

한번은 아리가 스코우라스 사장과 함께 수상스키를 즐겼다. 그때 스코우라스 사장이 아리를 뉴욕 양키스의 조 디마지오에 비유했다. 디마지오가 가진 불굴의 투지와 미녀들을 좋아하는 취향이 아리의 그것과 닮았다는 뜻이었다. 디마지오는 헤밍웨이의 『노인과 바다』에도 나오는 전설적인 야구 선수였다. 하지만 아리는 그가 누구인지를 몰랐다. 그래서 시큰둥했다.

몇 년 후에 조 디마지오가 할리우드의 새로운 별로 떠오른 육체파 여배우 마릴린 먼로와 결혼했다. 세상이 온통 떠들썩했다. 그러자 아리가 스코우라스 사장에게 전화를 해서 말했다.

"알고 보니 디마지오에게 비유되는 것도 나쁘진 않더군!"

스코우라스 사장은 나중에 마릴린 먼로에게 그 얘기를 했다. 그리고 아리에게 다시 전화를 걸어 말했다.

"그 여자도 그 말에 불만을 갖고 있지 않던데!"

아리는 한때 20세기 폭스 사를 사들이려고 했다. 그런데 웬일인지 도중에 갑자기 그만두었다. 그는 가까운 친구들에게 할리우드와 너무 깊게 사귄 나머지 영화에 대해 갖고 있던 환상이 깨졌다고 했다. 그러나 그가 할리우드에서 누구와 너무 깊게 사귀어 무엇에 대한 환상이 깨졌는지에 대해서는 이야기하지 않았다. 단 이렇게 덧붙였다.

"요리하는 과정을 알고 나면 음식 맛이 없어진다네."

어쨌든 1년 남짓한 기간 동안 머물며 아리가 할리우드에서 얻은 것은 영화와 여배우들에 대한 환상을 버리게 된 것이었다. 1941년 가을이 깊어갈 무렵 그는 낙엽이 쌓여가는 뉴욕으로 다시 돌아와 예전에 묵었던 릿츠 타워 호텔 37층에 묵었다. 그런데 전과는 달라진 것이 있었다. 같은 층 몇 방 건너에 전설적인 할리우드 스타 그레타 가르보가 살고 있었다. 그때부터 아리는 여러 환상을 버린 대신 하나의 현실을 갖게 되었다.

## 17

## 그레타 가르보

그레타 가르보는 1930년대 미국 영화를 대표하던 대스타였다. 오늘날의 줄리아 로버츠나 안젤리나 졸리같이 유명한 배우들도 당시 가르보가 누렸던 것 같은 명성을 갖고 있지 않다. 각기 색다른 개성을 가진 여러 여배우들이 명성을 나누기 때문이다. 가르보는 달랐다. 그녀는 전 세계 영화 팬들의 사랑을 독점했다. 가르보의 인기는 그녀의 차가운 표정과 허스키한 음성, 그리고 그 누구도 따라올 수 없는 우아한 아름다움에서 나왔다. 그녀는 할리우드에서 다른 숱한 여배우들을 제치고 미의 여왕으로 군림했다. 그런데 탁월한 미모 못지않게 그녀를 스타로 만드는 데에 기여한 것이 있었다. 신비로운 베일 속에 감춰진 그녀의 사생활이었다. 그녀는 대인기피증으로 소문이 날 만큼 자신의 모든 사생활을 숨겼다.

가르보는 1941년에 발표된 〈두 얼굴의 여인〉을 마지막으로 갑자기 영화계에서 은퇴했다. 36세 때였다. 누구도 그 이유를 몰랐고, 아무도 그 이후 그녀의 생활에 대해 알 수 없었다. 은퇴를 번복하고 스크린에 다시 등장한 적도 없었다. 그녀가 잠시나마 다시 대중 앞에 선 것은 1955년에 오스카 특별상을 받기 위해서였다. 영영 신비 속으로 사라진 가르보는 평생을 독신으로 살다가 1990년 4월 15일에 숨어 살던 뉴욕에서 세상을 떠났다.

그런데 이상한 것이 있다. 그레타 가르보가 36세의 젊은 나이로 전격 은퇴하던 1941년은 35세인 아리가 할리우드 사교계에 진출한 그 다음 해였다. 그리고 그녀가 뉴욕의 파크 에비뉴 57번가에 있는 릿츠 타워 호텔 37층에 숨어들어 살기 시작한 시기는 20세기 폭스 사를 인수하려던 아리가 갑자기 그 일을 중단하고 다시 뉴욕으로 돌아간 바로 그때였다. 거의 같은 시기에, 같은 호텔 같은 층에, 그레타 가르보와 아리가 할리우드에서 건너와 살기 시작했다. 하지만 어느 누구도 이 우연치 않은 사실을 눈치 채지 못했고 두 사람의 관계를 의심하지 않았다.

런던의 「이브닝 스탠더드」를 위시한 영미 신문에서 일하는 프리랜서 기자이자 아리의 오랜 친구로 아리에 대한 전기를 쓴 빌리 프리샤워는 그의 책에 이렇게 썼다.

"같은 층에는 몇 방 건너 그레타 가르보가 살았다. 그들은 복도나 엘리베이터에서 만나면 간단한 인사를 나누었지만 별로 깊은 관계에는 빠지지 않았다."

아리는 내게 그것은 사실이 아니라고 말했다. 사실은 자신의 사생활이 밖에 알려지는 것을 병적으로 꺼린 가르보를 위해 자기가 프리샤워에게 그렇게 말한 것이라고 고백했다. 또한 여전히 그녀의 사생활을 지켜주고 싶기 때문에 가르보와의 관계에 대해서는 '꼭 필요한 이야기만' 간단하게 말하고 싶다고 했다. 그가 말하는 꼭 필요한 이야기란 「캅베드」와 관련된 이야기를 뜻했다. 어쨌든 아리는 그때까지 세상 그 누구도 몰랐던 놀라운 비밀이야기를 털어놓았다.

아리는 할리우드에 자리를 옮기고 얼마 지나지 않아 그레타 가르보를 처음 만났다. 어느 날 저녁 20세기 폭스 사의 스코우라스 사장이 아리를 위해 파티를 열었다. 파티에는 아리의 투자를 노리는 할리우드 영화 제작자들과 감독들이 아름다운 여배우들을 데리고 참석했다. 가르보는 소속사인 MGM의 사장과 함께 왔다. 그녀는 어깨가 약간 드러나는 코발트

색 시폰 드레스를 입고 그 위에 탐스러운 금발을 늘어뜨리고 나타났다. 가르보가 들어서자 사람들의 시선이 일제히 그녀에게 쏠렸다.

스코우라스 사장이 가르보에게 아리를 소개했다. 가르보는 고개를 약간 치켜들고 그녀 특유의 그윽한 눈길로 아리를 내려다보았다. 아리는 고개를 숙여 유럽식으로 가르보의 손등에 키스했다. 순간 아리의 가슴은 심하게 두방망이질 쳤다. 그가 평생 성심으로 공경하고 싶은 여신이 드디어 눈앞에 나타났기 때문이었다. 아리는 그때 자기 심정을 이렇게 말했다.

"그레타 가르보를 처음 보았을 때 나는 헤라 여신이 올림포스 산에서 잠시 내려온 것 같은 착각을 일으켰소. 난 마치 꿈을 꾸고 있는 것 같은 기분이었소."

저녁노을이 사라지면서 하늘에는 별들이 깔리고 정원에는 음악이 흘렀다. 아리는 그녀와 짤막한 곡을 함께 추었다. 밤 1시가 넘어 가르보가 자기 집으로 돌아가려 할 때 즈음이었다.

다음 날부터 아리는 매일 아침 아름다운 카드를 곁들인 빨간 장미 꽃바구니를 가르보에게 보냈다. 물론 특별한 일은 아니었다. 그가 매력적인 여자를 만날 때마다 하는 의례적인 행사였다. 한편으로 아리는 가르보에 대해 샅샅이 알아보기 시작했다. 그것 역시 특별한 일이 아니었다. 그가 공경할 대상을 만나면 항상 하는 일이었다. 오히려 특별한 것은 그럼에도 그녀에 대해서 알 수 있는 것이 거의 없다는 것이었다.

물론 아리는 포기하지 않았다. 그는 스코우라스 사장과 그 밖의 인맥을 동원하여 가르보를 직접 만날 기회를 자주 만들었다. 매우 신중하게 일을 처리했기 때문에 아리의 속내는 아무도 눈치 채지 못했다. 주로 투자문제로 만나는 공식적인 자리처럼 꾸몄다. 가르보를 만날 때마다 아리는 **"사람을 공경하려면 사람의 말에 귀를 기울여 사람이 소망하는 것이 무엇인지를 알아야 한다."**는 「캅베드」의 가르침대로 그녀의 말을 잘 듣고 그녀가 소망하는 것이 무엇인지를 알아내기 위해 애를 썼다.

그럼에도 가르보는 자신의 속마음을 좀처럼 드러내지 않았다. 소문대로 그녀는 자기를 신비롭게 방어하는 데에 단련되어 있었다. 아리의 노련하고 끈질긴 시도들도 그녀의 꽁꽁 감춰진 소망을 캐내지 못했다. 자연히 아리가 그녀의 가슴속으로 파고들어갈 방법이 묘연했다. 그런데 한번은 함께 영화 이야기를 하다가 가르보가 지나가듯이 말을 흘렸다.

"그래도 고전작품에 출연할 때가 행복했어요."

비록 짧은 한마디였지만 그 말에 담긴 뜻을 놓칠 아리가 아니었다.

전쟁이 일어난 이후 할리우드 영화사들은 코미디물로 눈을 돌렸다. 당시 미국 영화 팬들은 전쟁이 가져온 불안을 해소할 오락물을 좋아했기 때문이다. 찰리 채플린이 큰 성공을 거두던 때였다. 가르보도 어쩔 수 없이 코미디물에 출연했다. 주로 톨스토이나 유진 오닐 같은 대문호들의 작품을 각색해 만든 고전영화에 출연해온 가르보는 그 일을 무척 싫어했다. 1940년에 그녀가 출연한 코미디 영화 〈나노치카〉의 카피는 "가르보가 웃는다."였다. 영화는 성공했고 평도 좋았다. 하지만 가르보는 결코 웃지 않았다.

아리는 드디어 가르보의 소망이 무엇인지를 눈치챘다. 그는 그녀에게 자기가 MGM 사를 인수해서 원하는 작품에 출연할 수 있도록 해주겠다고 선뜻 호언했다. 가르보는 농담으로 받아들였다. 여느 때와 마찬가지로 한껏 신비로운 미소만 머금을 뿐 아무 말도 하지 않았다.

아리는 곧바로 20세기 폭스의 스코우라스 사장과 만나 MGM 인수 문제를 의논했다. 그는 MGM보다는 20세기 폭스가 더 좋을 것이라고 아리에게 충고했다. 아리는 뉴욕에 있는 변호사에게 전화를 걸어 20세기 폭스 사를 인수하기 위한 자료들을 준비하라고 지시했다. 그리고 일이 진행되어가는 과정을 가르보에게 알렸다. 그녀는 깜짝 놀랐다. 그렇지만

웬일인지 기쁜 기색이 아니었다. 마침내 가르보는 아리에게
말했다.

"난 할리우드를 떠나고 싶어요."

1941년, 그녀의 새로운 코미디 영화 〈두 얼굴의 여자〉의
시사회가 끝나고 축하파티를 하는 자리였다.

## 18

### 공경과 우정

그레타 가르보는 스웨덴 출신이었다. 그녀는 1925년에 같은 나라 사람인 모리츠 스틸러 감독을 따라 처음 미국으로 건너왔다. MGM은 주당 400달러에 그녀와 계약했다. 영화배우에게 주급 400달러는 형편없는 대우였지만 당시 가르보에게는 무척 큰돈이었다.

가르보는 알콜중독에 걸린 노동자의 딸로 태어나 영양실조에 걸릴 정도로 굶주리면서 자랐다. 소녀 시절에 그녀는 상점과 이발소를 전전하며 온갖 성추행을 당해가면서 돈을 벌어야 했다. 악몽 같았던 어릴 적 기억 때문에 가르보는 가난에 대한 공포와 남성기피증에 시달리며 살았다.

1926년에 MGM은 그녀를 무성영화 〈격류〉에 출연시켰다. 영화는 성공했다. 하지만 가르보는 여전히 가난했다. 그런데 그때 그녀가 정신적으로 의지하던 스틸러 감독이 할리우드에 적응하지 못하고 다시 스웨덴으로 돌아가 버렸다. 혼자 남은 가르보는 한동안 경제적인 어려움 외에도 정신적 혼란에 빠졌다. 다행히 1927년에 개봉한 〈육체와 악마〉가 크게 성공하여 스타가 되자 경제적인 어려움에서는 벗어날 수 있었다. 하지만 그녀를 평생 괴롭히게 될 정신적 혼란과 불안은 점점 더 가중되었다.

그런 가운데서도 가르보는 스타의 길을 걸어갔다. 그녀는 MGM이 사상 처음으로 스타 시스템을 구축하여 키우는 배우가 되었다. 1935년 주연한 〈안나 카레리나〉와 1936년에 출연한 〈카미유〉로 뉴욕비평가협회가 주는 여우주연상을 연이어 수상하기도 했다. 그럼에도 이유 모를 정신적 불안이 항상 그녀를 따라다녔다. 때문에 가르보는 사람들과 만나는 것을 극도로 싫어했다. 언론과의 인터뷰는 상상도 못할 일이었다. 그것이 점점 더 그녀를 신비로운 베일 속에 묻히게 했다.

MGM은 〈나노치카〉의 성공에 잇달아 가르보를 다른 코미디 영화에 출연시킬 계획을 세웠다. 조지 쿠커 감독의 〈두 얼굴의 여인〉이었다. 또다시 자신의 뜻과 무관하게 코미디 영화에 출연하게 되자 가르보는 배우라는 직업에 환멸을 느꼈다. 그러자 그녀를 지탱시켜오던 유리 같은 자존심이 산산조각 나면서 한동안 잠잠하던 정신적 불안과 대인기피증이 다시 고개를 쳐들었다. 밤이면 불면증에 시달려 견딜 수 없었다. 가르보는 할리우드와 영화를 그만 떠나고 싶었다. 그 즈음에 그녀 앞에 아리가 나타난 것이다.

가르보에게서 모든 내막을 들은 아리는 그녀에게 앞으로는 절대 불안해하지 말라고 말했다. 그도 역시 어렸을 때 끔찍한 불행을 겪어본 터라 그녀가 가진 불안을 누구보다도 잘 이해할 수 있을 것 같았다. 아리는 그녀에게 약속했다. 가르보가 할리우드에 남으면 20세기 폭스 사를 인수하여 그녀가 출연하고 싶은 고전영화들을 만들 것이며, 만일 그녀가 은퇴하더라도 자기가 평생 그녀의 후원자가 되겠다고 했다. 가르보는 은퇴를 선택했다. 아리는 내게 말했다.

"그녀는 현명했소. 욕망을 버리고 소망을 선택한 것이오. 그 선택이 그녀를 영원히 신비로운 스타로 남게 한 것이오. 나는 그녀의 의견을 존중했소. 물론 영화사 인수 작업도 그날로 중단했소."

가르보는 은퇴선언을 하고 할리우드에서 연기처럼 사라

졌다. 그리고 아리가 마련해준 은신처로 아무도 모르게 숨어들어갔다. 뉴욕의 파크 에비뉴 57번가에 있는 릿츠 타워 호텔 37층에 있는 호화롭고 전망이 좋은 방이었다. 아리는 그녀와의 성적인 관계에 대해서는 이야기하지 않았다. 단지 그녀가 어릴 적에 가진 나쁜 기억들 때문에 가르보에게 남성 기피증이 있다는 것을 알고 친구처럼 지냈다고 했다. 어쩌면 아리는 그녀를 진정 여신처럼 숭배했는지도 모른다.

아리는 가르보와 한 약속을 평생 지켰다. 나중에 아리가 만든 세계에서 가장 호사스런 요트인 크리스티나호에도 가르보는 두 번째로 자주 승선하는 초대 손님이었다. 첫째는 영국 수상을 지낸 윈스턴 처칠 경이었다. 아리는 크리스티나호에 가르보를 싣고 때로 몇 주씩 지중해 연안의 아름다운 섬들을 유람하곤 했다. 가르보로서는 이때가 그녀의 비밀스런 은둔처를 벗어나 빛나는 태양 밑에서 자유를 만끽할 수 있는 유일한 시간이었다. 그리고 아리로서는 그때가 공경을 통해 얻은 아름다운 여인과의 변함없는 우정을 확인할 수 있는 소중한 시간이었다.

한번은 가르보를 태운 크리스티나호가 그리스의 아름다운 섬 이타카에 들렀다. 아리는 그리스 여러 섬들 가운데서도 호메로스의 『오디세이아』에 나오는 이 섬을 특별히 좋아했다. 이타카 해변 모래밭은 눈처럼 하얗다. 평평하게 펼쳐진 구릉에서는 넝쿨이 치렁치렁한 포도나무, 색 짙은 올리브나무, 잎 넓은 무화과나무들이 자라고, 계곡을 따라서는 오렌지 숲이 무성했다. 반대편 절벽에서는 바닷바람에 살이 터진 석회암 바위들이 북아프리카에서 달려오는 파도들을 부서뜨렸다. 산 정상에 자리한 수도원에서는 신성한 종소리가 날마다 마을로 내려왔다.

아리는 이타카 섬의 이런 고풍스런 풍광을 사랑했다. 그래서 소중한 사람들이 생길 때마다 크리스티나호에 그들을 신고 이 섬을 찾았다. 그 가운데 윈스턴 처칠 경, 마리아 칼라스, 재클린 케네디 그리고 그레타 가르보가 끼어 있다. 이타카 섬 사람들은 그중에서도 가르보를 가장 인상 깊게 반겼다. 가르보가 섬에 처음 도착한 날, 교회에서는 늙은 수도승들이 아름다운 종소리를 온 섬에 울렸고, 부두에서는 젊은이들이 축포를 쏘아대며 성대한 환영식을 마련했다.

그날 섬 사람들은 아리를 이타카 왕 오디세우스처럼 숭배했다. 함께 온 가르보도 오디세우스의 현명하고 정숙한 왕비 페넬로페처럼 사랑했다. 실제로 그녀는 페넬로페를 감당할

만한 우아함과 아름다움을 지니고 섬에 나타났다. 심각한 대
인기피증이 있는 그녀지만 그날만은 배에서 내려 행복한 표
정으로 태양과 바다와 바람, 그리고 섬 사람들의 소박한 마
음을 실컷 즐겼다.

# 19

## 티나 리바노스

1945년 5월 9일에 마침내 유럽에서 전쟁이 끝났다. 전쟁이 핥고 간 선박업계는 처참했다. 세계 대부분의 조선소는 파괴되었고, 수천 척의 선박이 바다 밑으로 가라앉았다. 그리스 선박업계도 마찬가지였다. 총 450여 척의 선박들 가운데 360여 척이 침몰했다. 나머지도 부서져 겨우 40여 척만 취항을 할 수 있었다. 보다 못한 그리스 정부가 나서서 해결책을 찾았다. 정부 차원에서 배를 대량으로 싸게 구입한 다음 선박업자들에게 쿼터제로 분양하는 방법이었다. 그리스 정부는 즉시 사절단을 구성하여 미국으로 보냈다. 대표로는 소포클레스 베니젤로스가 맡았다.

아리는 그리스 정부가 사야 할 배로 미국 조선소들이 전쟁 중에 건조한 리버티선을 주목했다. 리버티형 선박들은 전쟁을 하기 위해 만들었기 때문에 가격이 싸다는 장점이 있었다. 1만 톤급이 불과 55만 달러였다. 그런데도 그리스 선박업자들은 리버티선을 탐탁하게 생각하지 않았다. 군함으로 만든 것이라는 이유에서였다. 그러나 아리의 생각은 달랐다. 그는 조선소로 달려가 직접 리버티형 선박들을 꼼꼼히 살펴보았다. 전쟁 전에 선박업자들이 갖고 있던 선박들보다 더 견고하고 성능도 우수했다.

아리는 곧바로 사절단 대표를 찾아가 최소한 리버티선 100척을 구입해야 한다고 강력하게 주장했다. 아리의 끈질긴 설득에 마음을 돌려 그리스 정부가 결국 리버티선 100척을 구입했다. 대금은 10년간 균등분할 상환하는 좋은 조건이었다. 그러자 그간 시큰둥하던 그리스 선박업자들이 너 나 할 것 없이 달려들어 그 선박들을 몽땅 나누어 가졌다.

그런데 정작 일을 주선한 아리에게는 단 한 척도 할당되지 않았다. 이유는 아리가 그때까지 그리스 뉴욕 선박업자 서클에 정식으로 가입하지 못한 탓이었다. 화가 난 아리는 이번에도 자기 혼자 힘으로 일을 처리하기로 했다. 그는 균등상환이 아니라 일시에 현금으로 지불할 테니 리버티형 선박 15척을 달라고 미국 정부에 신청했다. 그리고 자신이 동원할 수 있는 현금을 모두 긁어모았다. 750만 달러 정도였다. 100만 달러 정도가 부족했다. 게다가 새로운 유조선들을 건조하기 위해 650만 달러가 더 필요했다.

다음 날부터 아리는 은행 문을 두드렸다. 그러나 대출이 쉽지 않았다. 역시 뉴욕 선박업자 서클 회원이 아닌 탓이 컸다. 은행에서는 업계의 신용을 중시했다. 아리는「칸베드」의 힘만 믿고 혼자서 독불장군같이 행동해온 자신의 한계를 절실하게 느꼈다. 그는 태도를 바꿔 뉴욕 선박업자 서클에 접근하는 길을 찾기 시작했다. 그러나 본디 보수적인 풍토인데다 그간 아리가 거둔 놀라운 성장을 시샘하는 사람들 때문에 도저히 길이 보이지 않았다.「칸베드」의 마법이 다시 필요할 때였다.

그 무렵 뉴욕 플라자 호텔에 스타브로스 리바노스라는 그리스인이 가족들과 함께 살고 있었다. 리바노스 가족은 여러 세대를 두고 선박업으로 살아온 유서 깊은 선박업 집안이었다. 스타브로스 리바노스는 뉴욕 선박업자 서클을 주도해온 거물이었다. 아리와 리바노스는 서로 아는 사이였지만 관계가 썩 좋은 편은 아니었다. 하지만 이제 사정이 달라졌다. 그는 리바노스의 마음을 얻으면 서클에 가입하기가 쉬울 것이라 생각했다. 그래서 다시 「캅베드」의 가르침을 따라 리바노스의 소망을 알기 위해 그에 대한 정보를 세밀하게 수집했다. 그의 소망은 예상 외로 쉽게 드러났다.

거부에게 필요한 것은 명예였다. 당시 리바노스는 뉴욕 선박업자 서클에서 자신이 누리고 있는 주도적인 위치를 계속 유지하기를 원했다. 그런데 근래에 그의 아성에 도전하는 젊은 경쟁자들이 생겼다. 리바노스는 서클 내에서 경쟁자들을 저지하고 그를 지지해줄 강한 힘을 가진 후원자가 필요했다. 아리는 만일 리바노스가 서클에서 자기를 받아들이게 한다면 자기가 그 역할을 누구보다 잘 할 수 있다고 생각했다. 서로 도울 수 있는 관계였다. 하지만 그렇게 하기 위해서는 먼저 두 사람 사이에 굳은 믿음이 필요했다.

방법은 하나밖에 없었다. 결혼이었다. 리바노스에게는 두 딸이 있었다. 1943년에 아리는 리바노스를 만나기 위해 그가 사는 호텔로 찾아간 적이 있었다. 그때 그는 아리따운 소녀들을 보았다. 당시 16살인 큰딸 제니와 14살인 작은딸 티나였다. 소녀들은 아버지의 사업 동료인 아리에게 수줍은 듯 인사하고 방 안으로 사라졌다. 그 소녀들이 이제는 처녀가 되어가고 있었다. 아리는 그중에서 성격이나 외모가 훨씬 여성적인 동생 티나를 선택했다.

티나는 기품 있는 금발미녀로 자랐다. 그리스어와 불어에 능통했고, 모국어로 사용하는 영어는 딱딱 끊어지는 상류사회 악센트를 썼다. 그녀는 아름다움과 세련됨, 상냥한 성격, 좋은 혈통 등 아리가 갖고 싶은 모든 것을 소유하고 있는 신붓감이었다. 게다가 아리를 상류사회로 이끌어줄 능력을 가진 아버지를 갖고 있었다.

1946년 4월의 어느 봄날에 아리는 리바노스에게 편지를 한 통 보냈다. 그 안에는 티나와 결혼하고 싶다는 내용이 들어 있었다. 전통적인 그리스식 청혼 방법이었다. 아리는 두 사람이 가족 관계가 되었을 때 리바노스에게 돌아갈 이익에 대해서 언급하는 것도 잊지 않았다. 예상한 대로 리바노스는 노발대발했다. 그런데 그 이유가 예상치 못한 것이었다. 아리는 그가 두 사람의 나이 차이를 들어 반대할 줄로 생각하고 있었다. 당시 티나는 17살이었고 아리는 40살이었다.

뜻밖에도 리바노스는 나이는 문제 삼지 않았다. 알고 보니 리바노스 자신도 40살에 겨우 15살인 티나의 어머니와 결혼했었다. 그가 화를 낸 이유는 단지 왜 언니 제니를 놓아두고 동생 티나를 달라고 하느냐는 것이었다. 그리스 풍속으로는 언니보다 동생이 먼저 결혼하는 것은 옳지 않았다. 그러나 그것은 한번 튕겨보려는 핑계에 불과했다.

리바노스는 아리의 청혼이 내심 기뻤다. 아리를 사위로 맞을 경우 자신의 소망이 이루어질 것이 분명해 보였기 때문이다. 이번에도 **"사람을 기쁘게 하려면 사람이 소망하는 것을 이루게끔 도와야 한다. 그러면 사람이 주는 귀중한 보물을 더 많이 얻을 수 있다."**라는 「캅베드」의 가르침이 통한 것이다. 얼마후 리바노스는 못 이기는 척 결혼을 승낙했다.

아리와 티나는 1946년 7월에 약혼하고, 같은 해 12월 28일에 결혼했다. 두 사람을 축복하는 듯이 하늘에서는 눈이 내렸다. 그러나 앞날을 예고하는 듯이 땅에서는 좋지 않은 평판이 떠돌았다. 고등학교를 막 졸업한 티 없는 소녀 티나는아는 사람마다 잡고 애교를 떨며 천진스럽게 말했다.

"그리스에서는 중매로 결혼하는 것이 흔하지요. 허나 아리와 저의 결혼은 오직 사랑의 신 에로스의 중매로 이루어졌답니다."

약혼 때부터 결혼까지 다섯 달 동안 사귄 것을 두고 하는말이었다. 그동안 아리는 「캅베드」의 가르침대로 티나를 공경했다. 이 방면에서 아리는 늙은 여우였고 티나는 어린 토끼였다. 한번은 아리가 자기의 요트로 티나를 초대했다. 그런데 그 요트 이름이 'TILY'였다. 티나가 그 뜻을 물어보았다. 'TILY'는 '티나, 아이 러브 유(Tina, I love you)'의 머리글자만

따서 만든 이름이었다. 너무 빤한 꾐수였지만 17살 난 소녀는 감격했다. 사람들은 이 결혼은 야합이라고 수군거렸다. 누가 보아도 장인과 사위의 속내가 빤히 들여다보였기 때문이었다.

결혼식은 뉴욕의 그리스 정교 예배당에서 거행되었다. 주례는 스미르나에서 신학을 강의하다 뉴욕으로 피난 온 유티미온 신부가 맡았다. 식이 끝나자 리바노스는 이제 막 신부가 된 어린 딸에게 나중에 열어보라며 봉투 하나를 건넸다. 그 안에는 결혼선물 목록이 빼곡히 적혀 있었다. 그중에는 리버티 선박 2척도 들어 있었다. 여학교 기숙사에서 나온 지 채 6개월도 안 되는 어린 딸을 23살이나 더 먹은 사내에게 시집보낸 아비의 가책이 짙게 묻어 있었다. 아리와 티나는 다음 해 여름 뉴욕 선튼 광장 16번지에 4층짜리 저택을 지었다. 50만 달러 정도가 들었는데 그 비용도 리바노스가 댔다.

결혼식이 끝난 후 아리와 티나는 리바노스 소유의 하우스 보트를 타고 강을 따라 플로리다 지방으로 신혼여행을 떠났다. 도중에 아리가 할리우드에서 사귄 스피로 스코우라스 20세기 폭스 사 사장 부부와 만나 함께 헤밍웨이의 고장인 키 웨스트를 방문하기도 했다. 석 달간의 밀월여행이었다. 여행이 끝났을 때는 후미진 골목마다 쌓였던 눈이 녹고 봄바람이

아가씨들의 치맛자락을 잡고 흔들어댔다. 두 사람은 다시 뉴욕으로 돌아왔다.

아리가 돌아오자 뉴욕 선박업자 서클에서 그를 자연스럽게 받아들였다. 서클을 이끌고 있는 거물 리바노스의 사위가 되었기 때문이었다. 그동안 아리에게 배타적이던 인물들도 들이닥친 현실을 거부할 수는 없었다. 은행과 보험회사들에서도 아리를 대하는 태도가 알아보게 달라졌다. 결혼으로 인해 아리의 사회적 지위와 사업이 확실히 한 단계 더 높이 도약했다. 그동안 가로막고 있던 철벽 같던 장벽이 한순간에 사라졌다. 아리는 회심의 미소를 지었다. 또다시 「캅베드」의 마법이 눈앞에서 이뤄지는 것을 보았기 때문이다. 그러나 자신이 점차 「캅베드」를 잘못 사용하고 있다는 생각은 꿈에도 하지 못했다.

## 20
### 행복의 조건

1947년 봄이 되자 아리의 뉴욕 저택에는 각국에서 온 선박 업자, 화주, 조선 기술자들이 분주하게 드나들었다. 전화, 무전, 전보도 역시 쉴새없이 날아들었다. 아리는 애초에 650만 달러를 투입하려던 유조선 건조 계획을 바꾸어 4,000만 달러를 투입하기로 했다. 은행 대출이 용이해졌기 때문이었다. 또다시 세계에서 제일 큰 유조선을 여러 척 만들 계획이었다. 공업화가 계속되고 있었다. 당연히 선박업의 규모와 유조선의 크기가 자연히 커질 수밖에 없다는 것이 그의 변함없는 생각이었다.

아리의 예상은 적중했다. 유조선의 크기는 점점 더 커져 오늘날에는 수십만 톤짜리 유조선들이 7대양을 누비며 기름

을 실어나른다. 당시 세계에서 가장 큰 유조선은 1만 8천 톤
짜리 에밀 미구엘호였다. 아리는 그보다 1만 톤이나 더 큰 2
만 8천 톤급 유조선을 설계하기 시작했다. 그 일을 위해 전
세계에서 최고의 기사들을 뉴욕으로 불러들였다. 그리고 그
들과 몇 시간씩 머리를 맞대고 상의하며 직접 모형도를 그리
기도 했다.

그런데 이번에는 뜻밖에도 신문들이 아리의 새로운 계획
을 앞다투어 보도하기 시작했다. 아리의 사회적 위상이 달라
진 증거였다. 그러자 기이한 일이 벌어졌다. 은행들이 난데없
이 선박업에 투자하겠다고 나선 것이다. 미국의 은행들이 선
박업에 투자하는 것은 유례가 없는 일이었다. 그 덕에 아리
는 2억 달러를 손쉽게 얻을 수 있었다. 이 일은 아리에게 오
랫동안 지울 수 없는 강한 인상을 남겼다. 그 후부터 그는 당
시 사람들이 보기에는 지나치리만큼 언론에 신경을 쓰기 시
작했다.

아리는 크고 작은 일이 있을 때마다 기자들을 불러 인터
뷰를 했다. 선박 소유권을 놓고 미국 법무성과 법정투쟁을
할 때에도, 몬테카를로의 주도권을 놓고 모나코 공국의 왕인
레이니에 공과 경쟁할 때에도, 사우디아라비아의 사우드 왕

과 석유수송에 대해 협의할 때에도, 자신의 해상궁전 크리스티나호를 공개할 때에도 그는 기자들을 초대했다. 때로는 불필요한 일에까지 기자들을 불렀다. 그러다 보니 윈스턴 처칠 경과의 우정이나 마리아 칼라스와의 애정마저도 그가 언론의 주목을 받기 위해서 연출을 하는 것이라고 비난하는 사람들이 점점 늘어났다. 그럼에도 언론은 그가 평생 가장 잘 다루지 못한 분야이기도 했다.

티나 역시 바쁜 나날을 보냈다. 그녀는 가사를 배우지 못해 집에서는 오로지 계란 프라이밖에 할 줄 몰랐다. 하지만 매력적이고 사교적이어서 사교계에서는 어디서나 인기를 끌었다. 아리와 티나의 생활은 뉴욕에서 하루를 자고 나면 다음 날에는 부에노스아이레스나 런던에서 일어나 아침을 먹고 또 그 다음 날에는 파리에서 저녁을 보내는 식으로 부산했다. 바쁜 일정 때문이었다. 두 사람에게는 결혼은 있었지만 가정이라는 게 없었다. 그렇지만 두 사람 모두 이런 생활에 불만이 없었다.

아리는 6살 때 어머니가 죽은 이후 평생 정상적인 가정을 가져보지 못했다. 그에게 가정이란 호텔이나 다름이 없었다. 연락을 취할 전화가 있고, 먹을 음식이 있고, 짐을 풀 공간과

성욕을 달랠 여자가 있는 장소가 아리가 생각하는 가정이었
다. 그는 심지어 가정을 싸가지고 다닐 수 있다고 생각했다.
그래서 나중에는 아예 떠다니는 배 위에서 살았다. 아이들이
태어난 다음에도 마찬가지였다.

　그렇다고 두 사람이 호텔에서만 산 것은 아니다. 아리와
티나는 부에노스아이레스의 알베어 가와 파리의 포쉬 가에
도 호사스런 저택을 마련하고 그곳에 갈 때마다 그 집에서
묵었다. 그 가운데서 가장 호사스러운 저택은 니스 부근의
리비에라 해안에 있는 아름답고 낭만적인 샤토 드 라 크레였
다. 한때는 벨기에의 레오폴드 왕이, 한때는 영국의 윈저 공
이, 또 한때는 이탈리아의 움베르토 왕이 살았던 호화로운
성이다. 아리는 주로 휴가 동안에 티나와 함께 머물기 위해
그곳을 빌렸다.


　샤토 드 라 크레는 지중해가 한눈에 내려다보이는 흰색의
웅장한 저택이다. 저택을 중심으로 수영장과 두 개의 테니스
코트가 있는 넓은 정원, 그리고 개인 소유의 해변을 갖고 있
다. 거실 천장들은 특이하게도 모두 하늘로 트여 있다. 아리
는 나중에 그가 산 몬테카를로의 오뗄 드 파리의 천장도 그
렇게 개조했다. 수십 개의 침실마다 붙은 욕실에는 순금으로

만든 붕어 모양 수도꼭지들이 붙어 있었다. 티나는 집이 너무 커서 다 돌아볼 수조차 없다고 불평했다. 원래부터 이 집에는 관리를 하는 남자 하인들, 정원사들, 심부름하는 소년과 주방 하녀들이 딸려 있었다. 그런데도 아리는 이 집에 집사 한 명과 요리사 두 명, 하녀 세 명, 침실 담당 청소부 두 명, 그리고 운전사 두 명을 새로 두었다.

아리와 티나는 이곳에서 니스, 칸, 몬테카를로 등을 드나드는 사교계 인사들과 사귀었다. 뛰어난 미모에 상냥한 성격을 가진 티나는 이곳 사교계에서 여왕으로 사랑을 받았다. 적어도 할리우드 스타 그레이스 켈리가 모나코 왕비가 되어 라이벌로 나타날 때까지 그랬다. 그녀는 매번 파리의 최고 디자이너들이 만든 우아한 드레스에 화려한 보석을 걸치고 파티에 나타났다. 티나가 가장 아끼는 보석은 아리가 선물한 뱀 모양의 황금 팔찌였다. 러시아 골동품으로 티나의 팔을 세 번이나 똬리로 휘감고 올라가는 이 팔찌 몸통에는 다이아몬드가 한 줄로 늘어서 있고 눈에는 붉은 루비가 박혀 있었다.

두 사람이 행복했을까? 여기에는 의문이 많다. 아리는 가정이 무엇인지를 알기에 나이가 너무 많았고 티나는 너무 적었다. 아리의 관심은 번창하는 사업에만 있었고 티나의 관심은 화려한 사교계에만 있었다. 각자의 관심이 충족되는 한 두 사람 모두 아무 문제를 느끼지 못했다. 나중에야 드러난 두 사람 사이의 문제는 둘 다 가정이 무엇인지, 사랑이 무엇인지를 모르는 데 있었다. 하지만 서로가 자신들이 가진 그런 문제점을 알게 되기까지도 상당한 시간이 걸렸다.

"지금 와서 생각해보면 난 가정이 무엇인지, 또 사랑이 무엇인지를 몰랐소. 사랑이란 아무것도 바라지 않고 오직 주기만 하는 것이라는데 난 그런 사랑은 애당초 알지도 못했소. 그래서 평생 수많은 여자를 가졌지만 한 여자도 그런 식으로 사랑하진 않았소. 나와 관계한 여자들은 모두 돈이든, 명예든, 권력이든 내가 원하는 어떤 것을 갖고 있는 여자들이었소. 티나도 마찬가지였소. 내 결혼은 처음부터 정략적이었소."

솔직한 고백이었다. 아리는 자기에게 필요한 여자들을 공경했다. 그리고 자기가 원하는 것을 얻어냈다. 그러나 사랑하지는 않았다. 아니, 그 자신이 표현한 대로 말하자면 그런 사랑은 할 줄을 몰랐다. 때문에 그가 원하는 것이 바뀔 때마다 그가 공경하는 여자도 바뀌었다. 아리는 사랑을 주고받아야 하는 남녀관계를 이익을 주고받는 사업관계처럼 생각했다.

내가 보기에 아리는 타고난 그리스인이었다. 그는 그리스에서 태어나지도 않았고 그곳에서 오래 살아보지도 못했다.

그럼에도 그는 뼛속까지 그리스인이었다. 그는 언제나 그리스적으로 생각하고 그리스적으로 행동했다. 사랑에 관한 생각도 그랬다. 플라톤의 대화편 『향연』에 나오는 사랑에 대한 이야기가 있다.

사랑의 신인 에로스는 미의 여신 아프로디테의 생일 축하 잔치에서 만난 풍요의 남신 포로스과 결핍의 여신 페니아 사이에서 태어났다. 때문에 에로스는 어머니를 닮아 모든 것에서 가난하고 부족했다. 하지만 아버지를 닮아 언제나 풍요를 그리워하며 그렇게 되려는 본성을 가졌다. 한마디로 인간이 하는 사랑인 에로스는 언제나 자기보다 뭔가 더 풍요로운 상대를 사랑한다. 그럼으로써 그 상대처럼 풍요로워지려고 하는 본성을 가졌다. 이것이 그리스의 철인 플라톤이 생각하는 사랑인 에로스이다. 아리가 생각하는 사랑도 바로 그랬다.

"사랑이란 게 다 그런 것 아니오? 그렇다면 공경과 사랑이 다른 게 뭐요?"

아리의 볼멘소리였다. 아리가 플라톤을 읽었을 리 없겠지만 그는 인간의 사랑 속에 들어 있는 이기적 본성을 정확히 꿰뚫고 있었다. 본디 아무것도 바라지 않고 오직 주기만 하는 사랑은 인간의 사랑이 아니다. 신의 사랑이다. 그것도 기독교의 신이 하는 사랑이지 그리스 신들이 하는 사랑은 아니다. 아리는 그런 사랑은 받아보지도 못했고 해보지도 못했다.

나는 아리를 물끄러미 바라보았을 뿐 아무 말도 하지 않았다. 사실은 나도 그런 사랑은 해보지 못했다. 하지만 그런 순수한 사랑을 통해서만 우리 자신과 가정, 그리고 사회가 행복해질 수 있다는 것은 잘 알고 있었다. 그런데 우리가 그러지 못하기 때문에 모두 불행하게 살아가고 있다는 것도 이미 깨닫고 있었다. 그래도 그에게 해줄 말은 없었다.

아리와 티나의 문제가 거기에 있었다. 아리는 티나와 결혼했지만 티나를 사랑할 줄 몰랐다. 그러자 티나도 아리를 사랑하지 않았다. 정확히 말하자면 사랑할 수 없었다. 그래서 두 사람은 행복하지 않았다. 1959년 11월 24일 뉴욕 대법원에서 열린 두 사람의 이혼소송에서 티나 측 변호사인 로젠블라트도 같은 생각을 토로했다.

"13년간 결혼생활을 해오면서 오나시스는 세계에서 가장 부유한 사람 가운데 하나가 되었으나 티나를 행복하게 해주지 못했고, 티나 또한 그를 행복하게 해주지 못했습니다."

행복이란 한 인간이 가진 외적 조건보다는 내적 능력에서 나오는 감정이다. 그래서 사람은 행복해지려면 다른 무엇보다도 스스로 행복을 가꾸고 즐길 수 있는 능력을 길러야 한다. 그것은 마치 음악을 즐기려면 음악 감상 능력을 길러야 하고, 미술품을 즐기려면 미술 감상 능력을 길러야 하는 것과 같다. 음악을 감상할 줄 모르는 사람이 좋은 음반만 모은다고 음악을 즐길 수는 없다. 마찬가지로 그림을 감상할 줄 모르는 사람이 비싼 그림만 모은다고 그림을 즐길 수 없다.

아리와 티나는 둘 다 그랬다. 그들은 가정에 필요한 모든 것을 갖고 있었다. 행복을 위한 모든 것도 갖추고 있었다. 하지만 가정을 가꾸고 행복을 누리는 데 필요한 사랑이라는 내적 능력은 갖고 있지 않았다. 음반은 많았지만 음악을 들을 줄 몰랐고, 그림은 많았지만 미술을 감상할 줄을 몰랐다. 그래서 그들의 결혼은 마치 자전거를 탈 줄 모르는 두 사람이 올라탄 2인용 자전거처럼 시종 삐꺽거리다가 결국 파국을 맞았다. 그런데 아리는 놀랍게도 그 탓을 다른 데로 돌렸다.

"신을 믿소? 진정으로 말이오. 난 어려서 그리스 정교 세례를 받았지만 단 한 번도 신을 진정으로 믿어본 적이 없소. 그래서 신을 공경하라는 「칼베드」의 마지막 장은 내게 아무 쓸모가 없었소. 그런데 지금 생각해보면 바로 그것이 내 모든 파멸을 불러왔소. 나는 신을 공경했어야 했소."

나는 그가 왜 그렇게 생각하느냐고 물었다. 대답은 간단했다.

"신이 하는 일이 뭐겠소? 인간이 하지 말아야 할 일과 해야 할 일이 무엇인지를 가르쳐주는 것이 아니겠소? 나는 그걸 잘 몰랐거든. 그래서 내 힘이 강해질수록 「캄베드」가 오히려 독이 되기 시작했소."

## Ⅲ-Ⅲ 사람은 신을 공경해야 한다

신을 공경하려면

첫째는 신의 말을 잘 들어야 한다

둘째는 신을 기쁘게 해야 한다

셋째는 신이 설사 그렇지 않더라도 마치 그런 것처럼

생각하고 행동해야 한다

그러면 불멸을 얻을 수 있다

왜냐하면 불멸은 신으로부터 나오기 때문이다


신의 말을 잘 들으려면

신의 말에 귀를 기울여

신이 소망하는 것이 무엇인지를 알아야 한다

그러면 불멸을 얻을 수 있다

왜냐하면 불멸은 신으로부터 나오기 때문이다

신을 기쁘게 하려면

신의 소망을 이루게끔 도와야 한다

그러면 불멸을 얻을 수 있다

왜냐하면 불멸은 신으로부터 나오기 때문이다

신이 설사 그렇지 않더라도 마치 그런 것처럼 생각하고 행동하려면

신이 진정 그렇다고 믿어야 한다

그러면 불멸을 얻을 수 있다

왜냐하면 불멸은 신으로부터 나오기 때문이다


**솔로몬이 그랬다**

**그래서 솔로몬은 모든 것을 다 가졌다**


**신은 인간을 창조할 때**

**신에 대한 공경과 불멸을 함께 묶어놓았다**

**인간은 신의 말을 잘 듣고 신을 기쁘게 하고**

**신이 설사 그렇지 않더라도 마치 그런 것처럼 믿어야 한다**

**그러면 불멸을 얻을 수 있다**

# 21

## 포경선단

1948년 4월 20일은 아리에게 평생 잊을 수 없는 날이었다. 뉴욕 시내에 있는 하크네스 파빌리온 병원에서 티나가 아들을 낳았다. 아리의 나이 42세였고 티나의 나이 19세였다. 결혼한 지 1년 4개월 만이었다. 아리는 세상을 다 얻은 듯이 기뻤다. 아이의 이름은 마케도니아의 위대한 정복왕을 따라 지었다. 영어로는 알렉산더이고 그리스어로 알렉산드로스였다.

알렉산더는 그리스인들에게 흔한 이름이다. 하지만 그것은 갓 태어난 아들을 바라보며 아리가 무엇을 꿈꾸었는지를 단박에 알려주는 이름이기도 하다. 아리는 아들에게 자기가 세운 왕국을 물려주고 싶었다. 그래서 자기의 뒤를 이어 세계를 정복하고 지배하게 하고 싶었다. 그는 그렇게 하는 것이 자기가 죽은 후에도 세상에 영원히 남는 것이라고 믿었다.

그러나 그 기쁜 날에 어찌 생각이나 했겠는가. 아리는 알렉산더 대왕이 불과 33세라는 젊은 나이에 요절한 것은 전혀 머리에 떠올리지 않았다. 사실 이름이야 어떻게 지은들 어떠랴. 하지만 아들 알렉산더가 겨우 25살이라는 젊은 나이에 죽었을 때 아리는 그 일을 뼈저리게 후회했다. 돌이키지 못할 슬픈 일을 당하고 나면 누구나 그렇듯이 그에게도 후회되는 일이 하나둘이 아니었다.

아리는 눈물을 흘리면서 자기가 잘못한 일들을 하나하나 자책했다. 가정을 가꾸지 않은 일, 자기의 소망을 이루는 데 매진하지 않고 세속적 욕망들에 한눈을 판 일들을 주로 후회했다. 그 가운데 하나가 포경업에 손을 댄 일이었다.

"어쩌면 내게 내린 천벌이 그때부터 시작했는지 모르오. 당시 나는 하지 말았어야 할 일들을 하기 시작했소. 포경업이 그중 하나였소."

아리가 포경업에 관심을 갖기 시작한 것은 노르웨이 포경업자 안델스 야레를 만나고부터였다. 스웨덴 괴타벨켄 조선소에 주문한 유조선 아리스톤호의 진행과정을 보러 스톡홀름에 갔을 때였다. 야레는 거대한 포경선단을 이끌고 전 세계 바다에서 고래를 잡는 사람이었다. 키가 큰 데다 호탕해서 영화에 나오는 해적선 선장 같은 매력을 풍겼다. 두 사람은 만나자마자 서로의 사내다움에 끌려 친구가 되었다. 아리는 우정을 표시하기 위해 야레의 포경업에 투자를 하기로 했다. 큰 액수는 아니었다. 하지만 그것이 아리가 나중에 포경업에 본격적으로 발을 들여놓는 계기가 되었다.

언제나 그랬듯이 아리는 포경업에 대한 정보와 자료 수집에 나섰다. 그런데 수집되는 자료들이 별로 신통치 못했다. 원양포경업을 독점하고 있는 노르웨이 업자들이 모든 정보를 쉬쉬하고 비밀에 부쳤기 때문이었다. 그렇다고 무작정 뛰어들기에는 너무나 큰 모험이었다. 다른 사업과 달리 포경업에는 예측할 수 없는 위험이 많기 때문이었다. 하지만 한 번 마음먹은 일을 포기할 아리가 아니었다.

아리는 포경선 한 척을 사서 시범적으로 운영해보기로 했다. 낡은 예인선 한 척을 사고 스웨덴 출신 포수와 조수를 고용했다. 선원은 그리스인 한 사람만 두어 할 수 있는 한 간소하게 꾸몄다. 목적이 수입을 올리는 것이 아니기 때문이었다. 아리는 단지 포경업에 대해 귀를 기울여 포경업을 이해하고 싶었다. 그럼으로써 문제점이 무엇인가를 미리 알아내어 그것을 해소하려는 것이었다. "일을 공경하려면 일의 말에 귀를 기울여 일이 소망하는 것이 무엇인지를 알아야 한다. 그러면 일이 주는 갖가지 대가와 이익을 더 많이 얻을 수 있다."라는 「캅베드」의 가르침을 따르자는 의도였다.

아리의 포경선은 만반의 준비를 갖추고 미국 서해안을 벗어났다. 그때 즈음 남극에서부터 북상하는 고래 떼가 적도를 지나 북쪽으로 이동한다. 아리의 포경선은 그 길목에서 기다렸다. 당시 포경선들이 통상 사용하는 방법이었다. 고래 떼의 이동 경로는 이미 수집한 정보와 자료에 따라 예상했다. 그런데 아무리 기다려도 고래 떼가 나타나지 않았다. 낭패였다. 나중에 알고 보니 고래 떼는 이동 경로를 자주 바꾸었다. 설사 그렇지 않더라도 고래 떼의 이동 폭은 매우 넓기 때문에 딸랑 배 하나가 길목을 지키는 방법으로는 허탕을 치기가 십상이었다.

그래도 아리의 포경선은 다행이었다. 마침 그곳을 지나던 해양경비대 소속 순찰선이 그들이 본 고래 떼의 이동 경로를 연락해주었다. 서둘러 그곳으로 가 겨우 몇 마리 잡아 돌아왔다. 이 일을 통해 아리는 포경업에서 가장 먼저 해결해야 할 문제가 무엇인지를 곧바로 알아차렸다. 그것은 고래 떼의 이동을 발견해 포경선에 실시간으로 알려주는 관측 시스템을 구축하는 일이었다. 아리의 생각에는 바로 이것이 포경업의 소망이자 일을 기쁘게 하는 방법이었다.

훗날 아리는 세계에서 가장 고래를 잘 잡는 포경선단을 보유하게 된다. 그 비결은 고래 떼를 찾는 순찰 헬리콥터를 동원하는 것이었다. 포경업에 헬리콥터를 도입한 것은 아리가 처음이었다. **"일을 기쁘게 하려면 일이 소망하는 것을 이루게끔 도와야 한다. 그러면 일이 주는 대가와 이익을 더 많이 얻을 수 있다."**라는 「캄베드」의 가르침을 따른 결과였다.

1948년, 신혼여행에서 돌아온 후부터 아리는 포경업에 본격적으로 발을 들여놓았다. 처음에는 한 미국인 포경업자의 조언을 듣고, T2 유조선을 포경선으로 개조하려는 계획을 세웠다. 곧바로 미국 최고의 철강회사인 베들레헴의 담당자를 만나 상의했다. 그런데 미국 조선소에서는 경험이 없어 그런 개조작업을 할 수 없다고 했다. 아리는 포기하지 않고 전쟁 전 조선업이 발달했던 독일로 눈길을 돌렸다. 노르웨이 포경업자 야레를 통해 들은 정보 때문이었다. 아리는 즉시 독일로 날아갔다.

패전 후 독일은 황폐했다. 폭격으로 부서진 건물들 사이로 누더기를 걸친 사람들이 일거리를 찾으러 돌아다녔다. 아리는 야레가 소개한 독일 조선기술자 쿨트 라이터를 만났다.

그리고 그와 함께 전쟁 전에 그가 포경선을 만들었던 브레멘의 베젤 조선소를 가보았다. 역시 폐허가 되어 있었다. 때마침 눈이 펑펑 쏟아져 부서진 천장 사이로 눈발이 펄펄 날아들어 왔다. 아리는 조선소 복구사업에 투자하기로 계약하고 다른 조선소가 있는 독일 북단의 항구도시 키일로 발길을 돌렸다.

키일에서 아리는 한 독일인 포경업자를 만났다. 그는 포경 전문 일꾼들이 비록 전쟁으로 뿔뿔이 흩어져 있지만 다시 불러 모으는 것은 어렵지 않다고 했다. 고래잡이에 경험 많은 선장들, 기관사들, 선원들, 노르웨이 출신의 일등 포수들이 전쟁 후 실업상태였기 때문이다. 그는 곧바로 일등 기관사 요하네스 도렌츠와 선장 빌헬름 라이헬트를 불러왔다. 이들은 후일 아리의 포경선단을 이끄는 핵심인물이 되었다.

뉴욕으로 다시 돌아온 아리는 곧바로 최고의 포경선단을 만들기 위한 작업에 들어갔다. 그동안 여우같이 들은 만큼 이제는 사자같이 움직일 때였다. 즉각 독일 함부르크에 포경회사를 설립하고 이름을 '올림픽 포경'이라고 지었다. 운영은 브레멘에서 만난 쿨트 라이터에게 맡겼다. 그런 다음 1만 8천 톤짜리 유조선 한 척을 포경선단의 모선으로 바꾸는 작업부터 시작하게 했다. 또 영국과 캐나다에서 군함 17척을 인수하여 고래를 추적해 잡는 킬러보트로 개조하게 했다.

아리의 주문으로 패전 후 침체에 빠져 있던 독일 조선업계가 갑자기 활기를 띠기 시작했다. 당시 독일 공업계는 조선업뿐 아니라 어느 분야에서도 해외 수주를 받지 못했다. 전쟁 도발국이자 패전국으로 각국에서 미움을 받아서였다. 아리는 그 틈을 노렸다. 선박들을 포경선으로 개조하는 작업은 키일의 호발트-키일 사와 함부르크의 도이체 벨프트 사가 나누어 맡았다. 한 조선소가 처리하기에는 너무 큰 사업이었다.

일자리가 생긴 키일과 함부르크 주민들은 아리를 은인으로 생각했다. 굶주림과 패배감에서 허덕이던 그들에게 아리는 구세주 같았다. 의도한 것은 아니었지만 아리가 그들의 소망을 들어준 것이 되었다. 그래서 그들은 기꺼이 밤낮을 가리지 않고 열심히 일했다. **"사람을 기쁘게 하려면 사람이 소망하는 것을 이루게끔 도와야 한다. 그러면 사람이 주는 귀중한 보물을 더 많이 얻을 수 있다."**라는 「캅베드」의 가르침이 자연스레 이루어졌다. 다른 나라에서는 몇 년씩 걸릴 작업이 불과 9개월 만에 끝났다.

아리는 즉시 다른 계획도 세웠다. 미국과 스웨덴 조선소에서 건조하려고 했던 유조선들을 모두 독일 조선소에서 만들기로 했다. 그는 독일에 있는 여러 조선소 사장들을 동시에

한 곳에 불러 모았다. 그런 다음 독일 조선공업사상 유례가 없는 대규모 주문을 했다. 호발트-키일 사에는 2만 1천 톤짜리 유조선 열 척, 도이체 벨프트 사에는 4만 5천 톤짜리 유조선 두 척, 베젤 사에는 2만 2천 톤짜리 유조선 여섯 척 등, 모두 1억 달러에 달하는 막대한 양의 주문이었다.

훗날 아리는 이 일로 인해 독일 수상 아데나워가 사는 샤움부르크 궁에 초대되었다. 노 수상은 아리가 독일 경제 부흥에 기여한 공로를 치하했다. 독일에서 배를 건조한 일은 아리에게도 큰 이익이 되었다. 비용뿐 아니라 건조기간까지 크게 절약할 수 있었다. 그 당시 스웨덴이나 대서양을 건너 미국 또는 캐나다에서 선박을 건조하던 다른 선박업자들은 훨씬 더 비싼 가격으로 훨씬 더 오래 걸려 배를 건조하고 있었다.

아리의 준비는 그것으로 끝나지 않았다. 그는 세계적 전문가들을 미국으로 초청해 고래의 생태를 연구했다. **"더 많이 듣고 더 많이 이해할수록 더 많은 수확을 얻는다."**는 것이 「캅베드」의 가르침이기 때문이었다. 노르웨이에서 해양연구가 알레 토렌스 박사가 그의 팀원들과 함께 미국으로 건너왔다. 영국 태생으로 캘리포니아 대학 생물학 교수인 브로클비스 박사도 모셔왔다. 아리는 비록 포경업에 처음 뛰어들지만 마치 세계 최고의 포경업자인 것처럼 생각하고 행동했다. 그들은 전 세계에 분포되어 있는 고래의 습생과 이동경로에 관한 최신 연구결과들을 아리에게 제공했다. 아리의 올림픽 포경 선단을 위해 모든 것이 「캅베드」의 가르침대로 준비되었다.

## 22
### 남극의 고래잡이

    1950년 10월 28일에 드디어 아리의 포경선단이 남극을 향해 출정했다. 유조선을 개조한 모선은 '올림픽 챌린저호'로 이름을 지었다. 경험 많고 냉철한 독일인 선장 라이헬트가 선단장을 맡았다. 15명의 노련한 노르웨이 포수들도 구해 각 킬러보트의 포수장을 맡겼다. 모두들 최고의 보수와 대우로 초대했다. 그러자니 자연히 경비가 만만치 않았다. 매일 4만 달러가 나갔다. 한 번 출정에만 적어도 500만 달러가 소요되는 엄청난 도박이었다.

    '올림픽 포경'을 맡은 라이터는 불안했다. 아무리 충분히 준비했다 치더라도 포경업에는 예측할 수 없는 수많은 위험 요소들이 복병처럼 숨어 있기 때문이었다. 안개나 폭풍 등

자연재난으로 계획에 차질이 생길 수도 있고, 기관고장이 나거나 선원들에게 병이 생길 수도 있다. 무엇보다도 고래 떼를 만나지 못하는 것이 낭패였다. 하지만 설령 많이 잡았다 해도 수시로 변하는 고래 기름 값이 떨어져버리면 손해를 볼 수밖에 없다. 게다가 노르웨이 포경업자들이 새로운 경쟁자인 아리를 포경업에 발붙이지 못하게 하기 위해 안간힘을 쓰고 있었다. 심지어 자기 배 선원들에게 고래 기름 1톤당 100파운드의 보너스를 준다고 현상금까지 내걸었다. 드디어 포경업의 패권을 다투는 전쟁이 시작되었다.

아리는 염려하지 않았다. 그는 언제나 그랬듯이 「캄베드」의 힘을 믿고 그 가르침을 따라 철저하게 준비했다. 우선 선단에 첨단 통신 시설을 갖추어 언제, 어디서나 빠르게 정보를 주고받게 했다. 또한 그간 해양학자들을 통해 얻은 고래 떼들의 새로운 이동경로에 대한 자세한 정보를 선원들에게 제공했다. 게다가 고래 떼를 찾는 데 사용할 순찰 헬리콥터를 구입하여 함께 출정시켰다. 당시로는 그 누구도 생각조차하지 못한 일들이었다.

「캄베드」의 마법은 이번에도 어김없이 일어났다. 아리의 포경선단은 노르웨이 선단들보다 한발 앞서 고래 떼를 발견하고 재빨리 잡아들인 다음, 다른 고래 떼를 쫓아 어디론지 사라졌다. 새로운 포경방식이었다. 기다리다 잡는 포경법이 아니라 찾아가서 잡는 포경법이었다. 거기에는 헬리콥터와 첨단 통신 장비들이 일등공신이었다.

노르웨이 선단의 포경선들은 아리의 배들이 도대체 어디에서 나타나 고래를 잡아 어디로 사라지는지조차 몰랐다. 마치 해적선 같았다. 나중에 포경업계에서 아리를 '해적'이라고 부르게 된 것은 그래서였다. 아리의 포경선단은 날마다 기쁜 소식을 보내왔다. 그동안 노르웨이 선단들은 매일 허탕만 쳤다. 업계의 거물인 야레의 선단도 마찬가지였다.

한철이 끝날 무렵에 아리는 아리스톤호를 남극으로 보내 잡은 고래들을 실어오게 했다. 아리스톤호가 로테르담 항에 귀항했을 때에 고래 기름 값은 톤당 170 내지 175파운드였다. 지난 철보다 약 70파운드가 오른 가격이었다. 고래 기름 가격은 원래 마가린의 원료가 되는 식물성 기름의 수확량에 좌우되는데 그해에는 면실유와 야자유의 수확이 나빴다. 게다가 포경업계를 제패하고 있던 노르웨이 선단들이 고래를 잡지 못했기 때문이었다.


1950년 12월 둘째 주일에 딸 크리스티나가 태어났다. 그때 아리는 세상에서 가장 크고 호사스러운 요트를 설계하고 있었다. 그는 이 요트에 딸의 이름을 붙임으로써 자신의 기쁨을 표시했다. 얼마 후 아리는 아내 티나와 올림픽 포경의 책임자인 라이터, 그리고 미국인 친구들을 동반하고 칠레의 안토파가스타 항으로 갔다. 그곳에서 선단의 모선인 올림픽 챌린저호에 승선했다. 남극 쪽으로 내려가 포경작업을 직접 구경하기 위해서였다.

포경현장은 마치 전쟁터를 연상케 했다. 요란한 굉음과 함께 순찰 헬리콥터들이 날아올라 분주히 고래 떼를 찾기 시작했다. 하늘에는 구름 한 점 없고 태양이 빛났다. 얼마 지나지 않아 고래 떼를 발견한 조종사들의 목소리가 무전기를 통해 들려왔다.

"킬러보트 7번, 우측에 고래 떼가 나타났다."

"킬러보트 4번, 전방에 고래 떼가 나타났다."

17척의 킬러보트들이 둥둥 떠다니는 얼음조각들을 밀치고 전속력으로 고래 떼를 추격하기 시작했다. 모선 올림픽 챌린저호도 서둘러 그 뒤를 따랐다. 갑판에서 구경을 하는 아리 일행들은 서서히 흥분하기 시작했다. 얼마 전 출산을 한 티나도 마찬가지였다.

숨 가쁜 추격전이 한동안 계속되었다. 킬러보트에 탄 노련한 포수들은 고래가 숨을 쉬러 물 위로 떠오르기를 참을

성 있게 기다렸다. 그리고 마침내 작살 총을 쏘아댔다. 포성이 연이어 울리더니 날카로운 작살들이 고래들을 향해 날아갔다. 등에 작살이 꽂힌 고래들은 식식거리는 소리를 내면서 물속으로 들어갔다 떠올랐다를 반복했다. 그들은 작살을 빼내려 몸부림쳤지만 결코 벗어나지는 못했다. 그러다가 이내 하늘을 향해 꽃처럼 붉은 마지막 숨을 뿜어 올렸다.

파랗던 바닷물이 순식간에 붉게 물들고 피를 흘려 맥이 빠진 고래들이 하나둘씩 하얀 배를 뒤집고 떠올랐다. 그때마다 킬러보트에서는 함성이 터졌다. 잡은 고래의 크기에 따라 상여금을 주기로 한 탓이었다. 모선에서 구경을 하던 아리 일행들도 함께 환호성을 질러댔다. 모두들 온몸의 피가 용솟음치는 것 같았다.

하루 종일 하늘에서는 헬리콥터의 굉음이 멈추지 않았고 바다에서는 포경 작업이 계속되었다. 몇몇 포경선에서 선원들이 죽은 고래들을 밧줄로 묶어 끌어 올렸다. 그동안에도 다른 포경선에서는 포수들이 산 고래들을 향해 쉴새없이 작살을 쏘아댔다. 작업은 어둠이 피로 물든 바다를 덮고 나서야 끝이 났다. 그날 하루 동안 잡은 고래만 168마리였다.

모선 올림픽 챌린저호에서는 선원들이 고래를 밤새도록 칼로 저몄다. 용도에 따라 몸의 각 부분을 잘라내 각각 다르

게 처리하기 위해서다. 고래는 버릴 것이 하나도 없다. 마가
린과 왁스로 사용되는 기름 외에도 고기는 고기대로 팔리고,
립스틱을 비롯한 여러 종류의 화장품 재료가 되기도 한다.
피비린내가 온 배에 진동했다. 새끼 밴 어미 고래의 배를 가
를 때는 다 못 자란 새끼가 튀어나오기도 했다.

　저녁에는 그날 거둔 성공을 축하하는 성대한 만찬이 준비
되었다. 라이헬트 선장은 방금 잡아온 남극 펭귄 세 마리를
축음기 옆에 데려다놓았다. 축음기를 틀자 펭귄들이 뒤뚱거
리는 것이 마치 음악에 맞춰 춤을 추는 것처럼 보였다. 아리
와 그의 친구들은 고래잡이로 종일 달아오른 피를 식히려는
듯 샴페인을 터트려 입속에 털어 넣고 머리 위에 부으며 고
함을 질러댔다.

　캄캄한 밤하늘에선 명멸하는 별들이 내려다보고 있고, 바
다에서는 유령같이 희멀건 빙산들이 지켜보고 있었다. 배 안
에서는 사람들이 뱃노래를 부르고 괴성을 지르고 상스러운
음담패설들을 늘어놓으며 밤새 먹고 마셨다. 고래잡이가 오
랫동안 문명에 길들여진 뉴욕 사내들의 야성에 불을 붙여놓
았던 것이다. 티나는 그날 밤에 한 술도 뜨지 못했다. 낮에 본
광경이 너무 끔찍해서였다. 다음 날 아침에 그녀는 아리에게
포경업을 그만두었으면 좋겠다고 말했다.

"너무나 끔찍해요. 왠지 불안하기도 하고요. 돈은 다른 일로도 많이 벌고 있잖아요? 고래를 잡는 일은 이제 그만두면 좋겠어요. 더구나 새끼 밴 고래까지 잡으면 신이 벌을 내릴 것 같아요. 신은 생명을 가볍게 여기는 사람의 생명을 역시 가볍게 여긴답니다. 우리 아이들을 생각해서라도 제발 그만두세요."

특별한 일이었다. 티나는 지금까지 아리에게 사업에 관한 이야기를 한 번도 해본 적이 없다. 아리도 마찬가지였다. 티나가 아직 어린 데다가 파티 외에는 아무 곳에도 관심을 보인 적이 없기 때문이었다. 그런 티나가 신이 내리는 벌까지 운운하며 심각하게 말리는 일은 처음이었다. 하지만 아리는 그녀의 말을 그저 흘려들었다.

"무슨 소리야, 티나! 고래잡이는 사내 중 사내들만이 할 수 있는 멋진 사업이란 말이야!"

닷새가 지나서야 아리와 티나는 올림픽 챌린저호에서 내려 뉴욕으로 향할 수 있었다. 하지만 티나는 그날 이후 한 번도 갑판에 나와 고래잡이를 구경하지 않았다. 그리고 틈나는 대로 아리에게 포경을 그만 두라고 졸랐다.

"난 그때라도 티나의 말을 들었어야 했소."

아리는 포경업을 결코 그만두지 않았다. 늘 순탄했던 것만은 아니었지만 오히려 점점 더 확장시켜나갔다. 1952년에는 고래 기름 가격이 톤당 70파운드로 폭락했다. 단번에 수백만 달러를 날릴 판이었다. 포경업을 총 지휘하던 라이터는 그때 아리가 포경업을 그만 포기하리라 믿었다. 아리는 그러지 않았다. 그는 기름을 저장했다가 다음 해 기름 값이 다시 올랐을 때 파는 수완으로 위기를 넘겼다. 아리의 포경업은 날로 번창했다. 그때 예상치 못한 먹구름이 남미로부터 몰려왔다.

## 23
### 그리스 해적


1954년 8월이었다. 올림픽 챌린저호가 이끄는 아리의 포경선단이 수리와 정비를 끝마치고 파나마 깃발을 휘날리며 키일 항을 떠났다. 고래잡이 철에 맞추어 태평양을 지나 남미 해안을 따라 내려갔다. 최종 목적지는 남극지방이었다. 그때 아리는 모나코 왕 레이니에 공과 호텔 카지노 사업을 상의하기 위해 몬테카를로에 있었다. 그는 포경선단을 이끄는 선단장 라이헬트에게 무전을 통해 명령했다. 남미 해안을 따라 내려가며 남극에서 북태평양으로 올라오는 해산기의 새끼 밴 고래들을 잡으라는 내용이었다. 그런데 그것은 페루 해군과 전쟁을 하자는 뜻이었다.

"오나시스, 페루의 포경 정책을 비난하다."

바로 일주일 전 미국 신문들에 실린 몬테카를로 발신 기사의 제목이었다. 아리가 외신기자들 앞에서 비난한 것은 비단 페루만이 아니었다. 당시 페루, 에콰도르, 칠레 정부는 연안으로부터 4마일로 정해져 있는 영해를 200마일로 확장하려는 계획에 합의했다. 외국인 포경선단으로부터 자국의 포경업자들을 보호하기 위해서였다. 적어도 고래 떼들의 주요 이동 경로인 태평양 연안의 훔볼트 급류지역에서만은 노르웨이와 아리의 포경선단을 쫓아내겠다는 야심이었다. 아리는 기자들을 만나 이런 움직임을 맹렬하게 비난했다.

　"아주 2,000마일로 하지 그래? 만일 이따위 사고방식이 유행하게 되면 하룻밤 사이에 밴쿠버가 소련 영토가 되는 일이 일어나지 않겠소? 오스트레일리아도 이러다간 잉카의 영토가 되겠단 말이야."

　아리의 인터뷰 기사를 본 페루 신문들은 일제히 일어났다. 만약 아리의 포경선단이 남미 연안에서 해산기의 고래들을 잡으려고 한다면 페루 정부는 수단과 방법을 가리지 않고 막아야 한다고 연일 떠들어 댔다. 칠레와 에콰도르에서도 마찬가지였다. 리마에서 발간되는 일간신문 「나치온」은 페루 대통령 오드리아의 인터뷰 기사를 실었다.

　"포경업계의 해적인 오나시스가 우리 정부의 권위를 무시하려고 한다면 우리는 그것을 보고만 있지 않을 것이다. 그가 우리의 주장을 따르지 않는다면 그는 구속되어야 하고 그의 배는 몰수되어야 한다."

사태가 험악해지자 이 지역에서 해산기 고래를 잡으려던 노르웨이 포경선단들은 모두 계획을 포기하고 곧바로 남극으로 내려갔다. 그런데 아리는 끝내 자기 고집을 꺾지 않았다. 그리고 페루 정부와 대통령에게 적극적으로 대항하기 위해 라이헬트 선단장에게 남미 연안에서 고래들을 잡으라는 명령을 내렸다. 하지만 그것은 실책이었다.

"그때 나는 오로지 페루 정부의 부당한 처사에 맞서는 것이 사내답다고 생각했소. 안델스 야레조차 꼬리를 내리고 줄행랑을 쳤기 때문에 더욱 내가 나서서 맞서야 한다고 생각했소. 그러다 보니 일에 대한 공경이나 선원들에 대한 공경은 전혀 생각하지 않았던 거요. 그것이 내가 평생 지켜온 원칙이었는데도 말이오. 물론 신에 대한 공경은 아예 없었소. 만일 그때 내가 티나만큼이라도 신을 공경했더라면 새끼 밴 고래를 잡으라는 명령은 차마 내리지 못했을 거요."

그랬다. 언제부터인지 아리는 「캅베드」의 가르침을 점차 잊어가고 있었다. 자기를 낮추어서, 일을 공경하고, 다른 사람을 공경하는 것이 부와 명예와 권력의 근원이라는 「캅베드」 본래의 뜻에서 그는 이미 벗어나 있었다.

"생각해보면 그때는 내가 스미르나 감옥에서 랍비 노인에게서 「캅베드」를 얻은 지 근 30년이 되었을 때요. 세월이 감에 따라 내 마음 안에는 공경보다 교만이 자라고 있었소. 어느덧 나는 소망보다는 욕망을 따라 행동하고 있었소. 실제로 나는 그 당시부터는 「캅베드」를 지니고 다니지 않는 때가 자주 있었소. 30여 년 동안 자나 깨나 품고 다니던 「캅베드」를 말이오."

잘한 일이든 못한 일이든 모든 결정에는 항상 상응하는 결과가 따르는 법이다. 1954년 11월 15일 월요일에 드디어 일이 터졌다.

페루의 공군과 해군이 합동으로 아리의 포경선단을 공격했다. 선단장 라이헬트는 무전으로 구조신호를 보냈지만 아무도 그들을 도울 수 없었다. 아리의 포경선단 가운데 모함을 비롯해 선박 5척과 400여 명의 선원들이 나포되었다. 국제적 사건이었다. 선주는 그리스와 아르헨티나 국적을 가졌고, 선박들은 파나마 선적을 지녔으며, 영국의 보험회사에 가입되어 있었다. 게다가 선원들은 독일과 노르웨이 출신이었다.

런던에서 이 소식을 들은 아리는 무전과 장거리 전화로 파나마, 페루, 런던, 몬테카를로, 함부르크, 부에노스아이레스를 불러대며 법률고문단과 대책을 논의했다. 아리의 포경선단은 영국 로이드 보험회사에 가입되어 있었다. 때문에 금전적인 손실은 크게 걱정할 필요가 없었다. 하지만 선원들의 안전이 문제였다. 선원 가족들이 날마다 라이터가 관리하는 아리의 올림픽 포경 사무실에 달려와서 항의를 했다. 해당국의 외교관들은 유엔 안전보장이사회와 헤이그의 국제사법재판소가 나서야 할 문제라고 떠들었다.

일이 더 커지는 것을 원치 않은 아리는 페루 정부와 타협하기로 결정했다. 그리고 곧바로 페루 해군 참모총장인 귈레르모 티라도와 물밑작업을 시작했다. 결국 사건은 3주 만에 페루 칼라오에서 열린 해군법정에서 해결되었다. 1954년 12월 13일 월요일에 페루 정부는 영국 로이드 보험회사가 아리를 통해 지불한 벌금 300만 달러를 받고 아리의 포경선단을 풀어주었다. 앞으로도 페루 연안 200마일 안에서 고래잡이를 금한다는 조건을 덧붙였다. 아리의 완전한 패배였다.

아리의 포경선단은 풀려나자마자 곧바로 남극지방으로 내려가 조업을 시작했다. 벌금은 로이드 보험회사가 냈다. 때문에 경제적 손실은 크지 않았다. 하지만 국제적 망신을 샀다.

아리는 자존심이 크게 상했다. 세계 주요 언론들이 모두 이 사건을 다루었다. 대체로 아리가 옳지 않은 방법으로 돈을 번다는 냄새를 짙게 풍겼다. 평판이 급속히 나빠졌다. 「런던 데일리 미러」지 논설위원인 윌리엄 코너 경은 이렇게 썼다.

"오나시스는 오직 돈을 위해 끝없이 돈을 추적해갔다. 아라비아의 뜨거운 모래 속을 파고들어 갔고 남극의 얼어붙은 바다를 헤엄쳐 갔다. 그러다 그리스 해적은 결국 남미 해적들의 밥이 되었다."

이 일을 계기로 아리의 포경업에 대한 열정이 차츰 식어갔다. 그런데 설상가상으로 더 추잡한 사건이 터졌다.

1955년 1월에 노르웨이 정부가 런던에 있는 국제포경위원회에 아리를 고발하는 탄원서를 제출했다. 아리의 포경선들이 1946년에 체결된 국제포경규칙을 위반하고 850만 달러의 이익을 취했다는 이유에서였다. 고발 내역은 지난 수년간 아리의 포경선들이 법정 포경 개시일보다 평균 3일 일찍 고래잡이를 시작하고 마감일보다 10일 더 늦게까지 포경을 했다는 것이었다. 뿐만 아니라 포획이 금지되어 있는 새끼 밴 어미고래와 푸른 지느러미 고래를 닥치는 대로 잡았다는 것이었다.

아리는 경악했다. 그런 내용은 선단 내부 사람들이 아니면 알 수 없는 것이기 때문이었다. 조사해보니 자기 나라로 돌아가려는 노르웨이 출신 포수장들의 소행이었다. 평소 '사내 중 사내'라고 떠벌리던 그들이 속 좁은 계집애들보다 못한 짓을 한 것이다. 아리는 이번에도 결국 엄청난 벌금을 내고 사건을 마무리했다. 모두 사실이었기 때문이다. 그렇지만 그 일을 계기로 포경업에 짙은 혐오감을 느꼈다. 그는 마침 동경에 머물던 친구 코스타에게 전화를 걸어 포경선단 전체를 일본의 한 포경회사에 팔아넘겼다. 포경업을 본격적으로 시작한지 4년 반 만인 1955년 4월이었다.

"포경업은 제법 수익을 냈지만 그것은 당시 내 사업 규모에 비하면 그리 큰 게 아니었소. 나는 그때 벌써 유조선을 100척쯤 갖고 있었기 때문이오. 그러니까 내가 포경업에 열정을 쏟은 것은 돈 때문이 아니었소. 사실은 일종의 객기 때문이었지. 야레 같은 사내보다 더 강하고 멋진 사내로 보이려는 유치한 객기 말이오."

사실이었다. 당시 아리는 사업 면에서만 보면 포경업자 야레와는 비교조차 할 수 없는 거물로 성장했다. 페루 나포 사건이 터지기 1년 4개월 전인 1953년 7월 24일 아리는 독일 함부르크에서 아내의 이름을 딴 '티나 오나시스호'의 진수식을 거행했다. 그가 가진 95번째이자 다시금 세계에서 가장 큰 유조선이었다. 총공사비 600만 달러가 소요된 이 배는 4만 5천 톤짜리로 길이가 237미터이고 물 위로 솟은 높이가 12층 건물의 높이에 해당되는 46미터였다. 당시로는 깜짝 놀랄 만한 크기였다.

진수식도 거창했다. 유럽 각국에서 온 귀족들, 정치가들, 외교관들, 은행가, 선박업자들을 포함한 2만 5천 명의 내빈들이 참석했다. 그 가운데에는 수백 명의 외신기자들도 끼어 있었다. 함부르크의 경찰이 총동원되어 경호와 교통정리를 맡았다. 함부르크 도시 전체가 축제 분위기에 휩싸였다. 전쟁 후 독일에서 개최된 최대행사였다. 이제 아리는 유럽 어디에서나 명사 축에 끼었다. 그럼에도 체구가 작은 그는 언제나 야레같이 키가 크고 억세 보이는 사내들을 내심 부러워했다. 그래서 그들을 꺾고 더 사내답게 보이려고 객기를 부렸다.

6개월도 지나지 않아 아리는 다시 96번째, 97번째 유조선의 진수식에 참가했다. 그의 자랑인 해상궁전 크리스티나호의 첫 출항을 위해 키일로 가던 중이었다. 1954년이 다 가기 전에 아리는 이미 유조선만 100척 넘게 보유하여 세계에서 가장 많은 유조선을 가진 선박업자가 되었다. 그런 그가 스스로 밝힌 유치한 객기 때문이 아니라면 말썽도 많고 비난도 많은 포경업에 매달려야 할 다른 이유는 아무것도 없었다.

"지금 생각해보면 나는 그때 이미 「칩베드」에서 얻은 힘을 잘못 사용하기 시작했소. 당신도 반드시 알아두어야 할 일인데 「칩베드」의 힘은 무한하오. 하지만 바로 그렇기 때문에 그 힘을 잘 사용해야 하오. 그런데 말이오, 「칩베드」의 힘을 사용하여 연이어 성공을 거두다 보면 자연히 자신이 못할 일이란 세상에 없다는 생각을 하게 되오. 자기를 스스로 신처럼 생각하게 된단 말이오."

그럴듯했다. 누구든 세상에서 마음먹은 대로 할 수 있게 된다면 스스로 신이라고 생각되지 않겠는가. 어쩌면 이것이 아리가 **"사람은 신을 공경해야 한다."**라는 「칩베드」의 마지막 가르침을 무시한 이유였는지도 모른다.

"그런데 바로 그것이 문제요. 사람이 그런 생각을 갖게 되면 본래의 순수한 소망을 이루려는 생각이 사라지고 세속적인 욕망들에 눈을 돌리게 되오. 이것도 할 수 있고 저것도 할 수 있게 되면 이것도 하고 싶고 저것도 하고 싶어진다는 말이오. 그래서 「칩베드」의 힘을 단 하나의 소망을 이루는 데 사용하는 것이 아니라 이런저런 욕망을 이루는 데 사용하게 된다는 거요. 그런데 욕망이라는 게 얼마나 달콤하고 유치하오. 그래서 곧바로 타락하게 되는 거요. 알겠소?"

아리는 형형한 눈빛으로 나를 노려보았다. 간곡히 당부하는 것도 같고 엄중하게 협박하는 것도 같았다. 한데 둘 다 아니었다. 그는 뼈아프게 후회하고 있었다.

"내 말을 잘 들어두시오! 이건 마치 함정과 같소. 솔로몬 왕 이래 모든 강력한 힘을 가진 자들이 빠졌던 함정이오. 다른 사람들은 다 그만두고라도 여기 내가 바로 그 함정에 빠졌소. 참으로 어리석게도 내가 그랬소. 이제 와서 후회해봐야 무슨 소용이 있겠소만 당신은 「칩베드」를 갖더라도 부디 그리하지 않길 바라오."

그때 나는 마치 영국 시인 셸리의 시 '오지만디아스'에서 자신의 모든 욕망을 이룬 오지만디아스가 토해놓는 한탄을 듣는 것 같은 느낌이었다. "내 이름은 오지만디아스, 왕 중의 왕이다. 힘있는 자들이여, 내가 이룬 것을 보아라. 그리고 이러한 것들을 이루는 것을 포기하라."라고.

"그때 난 애초 소원대로 세계 제일의 부자가 되려면 독일 조선업과 사우디아라비아 유정에 집중해서 투자해야 한다는 것을 알고 있었소. 두 번 다시 오지 않을 기회라는 것도 말이오. 그런데 유치한 객기를 부리느라 그 일들을 내팽개치고 고래를 잡는 데 정신을 팔았소. 그것도 새끼를 밴 어미 고래들까지 말이오. 그래서 결국에는 천벌을 받은 거요."

아리는 아들 알렉산더가 일찍 죽은 것을 자기가 받는 천벌이라고 생각했다. 티나가 한 말이 내내 마음에 걸린 것이다. 나는 그렇지 않다는 뜻으로 고개를 흔들었다. 하지만 마땅히 해줄 말은 아무것도 없었다.

## 24
### 떠다니는 궁전

떠다니는 궁전! 사람들은 크리스티나호를 그렇게 불렀다. 이 요트의 설계자는 함부르크 대학 건축학교수 케잘 피나우였다. 아리는 캐나다에서 만든 1,600톤짜리 프리게이트함인 스토론트호를 그에게 맡겨 해상궁전으로 개조하게 했다. 피나우 교수는 키일, 브레멘, 함부르크에 있는 각 분야 전문가들을 초청했다. 그들은 자신들이 가진 상상력을 총동원하여 꿈에나 나올 것 같은 요트를 만들었다. 1954년 4월 첫 항해를 시작했다. 목적지는 사우디아라비아였다. 선상에는 아리와 티나, 그리고 4살이 된 아들 알렉산더와 2살짜리 딸 크리스티나가 함께 올랐다.

당시 아리는 사우디아라비아의 사우드 국왕과 석유수송

문제를 협상하고 있었다. 사우드 국왕은 자기 나라가 직접 운영하는 유조선단을 갖고 싶어했다. 그것은 당시로는 불가능한 일이었다. 당장 대규모 유조선단을 꾸미는 것이 문제였다. 하지만 그보다도 사우디아라비아 석유수송을 독점적으로 지배하고 있는 미국 아랍코 석유회사가 가만히 있지 않을 것이기 때문이었다. 아랍코는 캘리포니아, 뉴욕, 소코니, 텍사스 등 4개의 미국 주요 석유회사들의 결합체였다. 그들은 사우디아라비아의 석유를 독점하고 수송 및 정유에 막강한 힘을 행사하고 있었다.

아리는 사우드 국왕에게 대안을 내놓았다. 우선 아리가 가진 유조선 가운데 50만 톤을 사우디아라비아 선적을 갖게 하여 사우디아리비아가 생산하는 석유의 10퍼센트를 수송하게 하자는 것이었다. 그 허가 대가로 아리는 이익의 일부를 사우디아라비아 정부에 주기로 했다. 그러면서 사우디아라비아가 점차적으로 자체 석유수송 능력을 갖게 준비하자는 안이었다. 아랍코와의 마찰은 일단 아리가 떠맡기로 했다. 이 일로 아리는 평생 동안 미국과 돌이킬 수 없는 불편한 관계를 갖게 된다. 하지만 사우드 국왕은 매우 흡족해하고, 아리 가족을 모두 궁으로 초대했다.

아리가 사우드 국왕과 석유수송에 대해 세부적인 논의를

하는 동안 티나는 국왕의 아름다운 네 왕비들과 모여앉아 환담을 나누었다. 국왕은 아리에게는 황금으로 장식된 칼 두 자루를 선물로 주었다. 티나에게는 아라비아산 승마용 말을 선사하고 아이들에게도 망아지 두 마리를 선물로 주었다. 매우 후한 대우였다. 아리는 그 보답으로 사우드 왕가의 왕자들을 크리스티나호로 초대했다. 이때 외신기자들도 함께 배에 올랐다.

아리와 티나는 크리스티나호 그랜드 살롱에서 손님들을 맞았다. 홀 안에는 진귀한 예술품들이 마치 값싼 소품들처럼 여기저기 놓여 있었다. 함장을 포함해 모두 예순 명의 승무원들은 살롱에서 손님들을 정성껏 대접했다. 승무원 가운데는 시종, 가정부, 웨이터, 바텐더, 미용사, 마사지사, 그리고 각각 그들의 요리사들을 데리고 탑승한 프랑스인 주방장과 그리스인 주방장이 포함되어 있었다.

식사가 끝난 후에 아리는 손님들에게 자기가 사용하는 객실을 보여주었다. 객실에는 서재와 침실이 있고 벽면에는 엘그레코가 그린 '성모자상'이 걸려 있었다. 고풍스러운 루이 왕조 시대의 프랑스식 책상 위에는 다이아몬드와 루비로 장식된 옥부처상이 놓여 있었다.

"똑같은 것을 영국 엘리자베스 여왕이 하나 갖고 있지요."

아리가 자랑했다.

그 옆으로 응접실이 둘, 드레싱 룸이 둘, 목욕탕도 역시 둘이 딸려 있었다. 벽들과 문은 베네치아 글라스로 덮여 있고, 밤색 대리석을 깎아 만든 욕조에는 금으로 만든 인어 모양의 수도꼭지들이 붙어 있었다.

마르셀 베르테스의 프레스코 연작들이 벽을 장식하고 있는 식당 옆에는 하얀 고래가죽으로 덮인 의자들이 놓인 방이 있었다. 그곳은 손님들이 식사 전에 칵테일을 마시며 환담을 나누는 장소였다. 그 옆에 청금석으로 만든 벽난로가 놓여 있는 오락실, 첨단 텔렉스 시스템과 42개의 전화기가 별개의 회선으로 연결된 통신실, 3,000여 권의 고전과 희귀장서가 구비된 도서관이 나란히 붙어 있었다. 맞은편으로는 영화관, 공연장, 체육관, 사우나 등이 차례로 연결되어 있었다.

손님용 특실은 모두 9개였다. 각 특실마다 거실, 침실, 드레싱 룸, 그리고 두 개의 욕실이 갖춰져 있었다. 욕실에는 역시 금으로 만든 샤워기와 수도꼭지가 대리석 욕조에 붙어 있었다. 무엇보다도 특이한 것은 갑판 위에 있는 수영장이었다. 평소에는 수영장으로 사용하다가도 모자이크로 장식된 수영장 바닥을 갑판 높이까지 올리면 무도회장으로 쓸 수 있게 설계되어 있었다. 말 그대로 해상을 떠다니는 호화로운 궁전이었다.

사치스럽기로 이름난 사우드의 왕자들도 크리스티나호를 둘러본 후에는 놀라움을 감추지 않았다. 얼마 가지 않아 유럽의 귀족들도 이 배에 초대되었다. 프랑스에 고풍스런 성, 뉴욕에 웅장한 저택, 로마에 화려한 별장, 영국에 드넓은 토지를 가진 그들도 이 배를 보고는 하나같이 경탄을 금치 못했다. 그리고 각자 자기 나라로 돌아가 '떠다니는 궁전'에 초대된 것을 자랑삼아 떠벌리고 다녔다. 그러자 아리는 점차 더 많은 명사들을 크리스티나 호로 불러들이기 시작했다.

아리가 애초 크리스티나호를 만들 생각을 한 것은 자기 자신과 가족, 그리고 몇 명의 가까운 친구들을 위해서였다. 그는 이미 유명해져서 다른 사람들의 시선 때문에 어디를 가나 자유롭지가 않았다. 그래서 낸 아이디어가 해상궁전이었다. 그는 생활과 업무가 가능한 요트를 만들어 바다에 띄워놓고 마음 내키는 대로 이동해서 그 누구의 방해도 받지 않고 일하며 살고 싶었다.

그런데 크리스티나호가 세간의 이목을 끌자 아리는 다른 용도로 사용하기 시작했다. 한적한 바다와 섬보다는 니스, 칸, 몬테카를로 같은 환락의 도시 앞바다에 이 배를 띄웠다.

그리고 세계적으로 이름난 명사들과 할리우드 스타들, 그리고 아름다운 여인들을 불러 호사스런 파티를 열었다. 당연히 외신기자들과 파파라치들이 몰려들었고 그만큼 세계의 이목이 그에게 더 집중되었다. 본디 의도했던 것과는 전혀 달랐지만 그는 그것을 즐겼다.

아리는 분명 세계 제일의 부자가 되겠다는 자신의 순수했던 소망보다는 세속적인 욕망으로 눈을 돌렸다. 그런 가운데 「캅베드」의 가르침을 통해 얻은 자신의 능력을 낭비하고 있었다. 몬테카를로에서 카지노와 호텔 사업을 시작한 것도 그중 하나였다. 포경업을 할 때와 마찬가지로 이때에도 아리의 목적은 사업이 아니었다. 이 도시의 정복이었다. 그는 권력을 욕망했다. 그에게는 점차 자기를 낮추는 공경보다는 자기를 높이는 교만이 더 달콤해졌다. 그는 욕망이라는 토끼를 숨 가쁘게 쫓기 시작했다.

# 25
## 몬테카를로에서 꾼 꿈



아리가 크리스티나호 이전에 이용하던 올림픽 F. 위너호를 몰고 모나코 항에 처음 상륙한 것은 1951년 어느 봄날이었다. 그곳은 아리가 18살 때에 아르헨티나를 향해 가는 이민선 위에서 초라한 모습으로 마냥 부러워하며 바라보던 바로 그 항구였다. 그때 아리는 언젠가는 다시 돌아와 이 매혹적인 도시를 정복하리라고 다짐했다. 그 후 정확히 27년이 지났다. 아리는 45살이 되었고 오랜 꿈을 이룰 만한 힘을 갖고 있었다.

모나코 공국은 지중해를 따라 길이 3킬로미터, 너비 200 내지 500미터에 불과한 작은 면적을 갖고 있다. 하지만 북쪽부터 몬테카를로, 라콘다미네, 모나코시, 퐁비에유 등 4개의 소지구로 나뉘어 있다. 당시 몬테카를로는 관광과 도박의 도시라는 옛 명성을 잃어가고 있었다. 두 번의 세계대전을 겪으며, 이곳에서 도박을 하고 샴페인을 마시며 사랑을 즐기던 호탕한 도박사들과 낭만적인 연애꾼들이 사라졌다. 그와 더불어 1297년 이후부터 이곳을 줄곧 지배해온 이탈리아 출신 그리말디 가문도 저물고 있었다.

왕인 레이니에 3세가 후손이 없을 경우에는 프랑스로 합병될 위기에 몰렸다. 이유는 충분했다. 모나코 공국은 한때 프랑스령이었다. 때문에 인구 3만 5천 명 가운데 60퍼센트 정도가 프랑스인이고 프랑스어를 국어로 사용한다. 1814년 빈 회담 이후 그리말디가에 다시 반환되었지만 지금까지도 국방, 전기, 철도, 수도, 전화까지 모두 프랑스 정부가 책임지고 있다. 그런데 경제적 자립능력마저 잃고 후손까지도 없으면 합방은 불가피했다. 아리는 그것을 노렸다.

아리는 우선 오스탕드 거리에 있는 스포츠 클럽이 비어 있는 것을 발견하고 그 건물을 샀다. 바다가 한눈에 내려다보이는 그곳에서 그는 몬테카를로가 아니라 모나코 공국을 통째로 삼킬 계획을 세우기 시작했다. 언제나 그랬듯이 아리는 「캅베드」의 가르침을 따라 공국에 관한 모든 정보와 자료들을 수집했다. 그리고 당면한 문제가 무엇이고 소망이 무엇인지를 알아보기 시작했다.

결과는 명백했다. 모나코 공국의 문제는 경기 침체였고 소망은 자립이었다. 때문에 만일 누군가가 경제를 부흥시켜 프랑스의 합병 압력을 막을 수 있다면 공국의 실질적인 권력을 거머쥘 수 있는 것은 너무도 당연한 일이었다. **"인간은 무엇인가를 공경하려면 그것의 소망을 이루게끔 도와 그것을 기쁘게 해야 한다. 그러면 그로부터 자기가 원하는 것을 얻을 수 있다."**는 것이 「캅베드」의 가르침이다. 아리는 몬테카를로의 카지노와 호텔 사업을 부흥시켜 모나코 공국을 다시 세계적 관광지로 만드는 것이 그 해결책이라는 결론을 내렸다.

필요한 것은 두 가지였다. 하나는 몬테카를로의 카지노와 호텔을 새롭게 개보수하고 세상 사람들의 이목이 다시 쏠리게 하는 일이었다. 다른 하나는 호화 유람선들을 수용할 수 있도록 모나코 항을 확장하고 도로와 통신시설을 보수하는 일이었다. 하나는 자신이 혼자서 할 수 있는 일이었고, 다른 하나는 공국의 주인인 레이니에 공과 힘을 합해야만 할 수 있는 일이었다. 아리는 두 가지 일을 동시에 추진했다.

아리는 SBM이라는 금융회사를 통해 몬테카를로에 있는 호텔, 스포츠 클럽, 컨트리 클럽, 카페, 빌라, 공원, 관광지들을 줄줄이 사들여 현대적으로 개보수했다. 그는 이 일에 3,000만 달러 정도를 투자할 계획을 세웠다. 불과 3년도 지나지 않아 SBM은 모나코 공국의 주요 부동산 대부분의 등기권을 소유하게 되었다. 그 가운데는 모나코 3대 호텔로 꼽히는 오뗄 드 파리, 오뗄 드 에르미타주, 오뗄 드 몬테카를로 비치도 포함되어 있었다. 물론 아리는 SBM의 경영권을 좌지우지하는 데 충분한 지분을 확보해놓았다. 그럼으로써 점점 모나코 공국의 새로운 주인이 되어가고 있었다.

아리를 처음 만났을 때부터 레이니에 3세는 아리에게 매우 우호적이었다. 이유가 있었다. 아리는 먼저 몬테카를로의 아름다움과 멋진 여자들과 호화스런 배들에 대한 칭찬으로 분위기를 띄웠다. 알아보니 그것이 젊은 왕의 주요 관심사였기 때문이다. 그런 다음 아리는 몬테카를로를 부흥시켜야만 모나코 공국이 프랑스의 합병 압력을 막을 수 있다는 의견을 마치 지나가는 이야기처럼 슬며시 내놓았다. 그런데 그것은 레이니에 공의 간절한 소망이었다.

레이니에 공은 당연히 무척 기뻐했다. 그리고 아무런 의심 없이 아리를 전적으로 돕겠다는 약속을 했다. 두 사람은 당장 호텔 증축과 항만 보수 그리고 부두에서 카지노까지의 교통시설 확장 등에 대해 의논했다. **"사람을 기쁘게 하려면 사람**

이 소망하는 것을 이루게끔 도와야 한다. 그러면 사람이 주는 귀중한 보물을 더 많이 얻을 수 있다."라는 「캅베드」의 가르침이 여기에서도 통한 것이다.

이제 아리에게 남은 문제는 세상 사람들의 이목이 몬테카를로로 다시 쏠리게 하는 것이었다. 그는 여기에도 「캅베드」의 가르침을 적용했다. 관광객들을 기쁘게 하는 것이 곧 그들로부터 자기가 원하는 것을 얻어내는 길이라고 생각한 것이다. 먼저 자기 소유의 카지노와 호텔들을 모두 새롭게 단장하고 서비스를 개선했다. 그러나 그것만으로 니스나 칸으로 향하던 관광객들의 발길을 옛날의 영광만 가득한 도시로 돌리기에는 역부족이었다. 그래서 그는 관광객들을 기쁘게 할 수 있는 특별한 아이디어를 고안해냈다.

아리는 할리우드 스타들을 비롯하여 세계적으로 유명한 명사들을 몬테카를로로 끌어들일 계획을 세웠다. 그는 오랜 친구인 20세기 폭스 사의 스코우라스 사장을 중심으로 한 인맥을 통해 할리우드 스타들을 차례로 초청했다. 해마다 영화제 일로 칸을 찾는 스타들도 빼놓지 않고 몬테카를로로 불러들였다. 스타들뿐 아니었다. 영국의 윈저 공 부처 같은 귀족들, 미국인 지휘자 솔 후록, 발레 단장 마르키 드 퀴바스, 소프라노 가수 릴리 폰스 같은 예술인들도 초청했다. 한마디로 세계인들의 시선과 사랑을 받고 있는 사람들이 몬테카를로를 다녀가게 만들었다.

〈바람과 함께 사라지다〉의 클라크 게이블, 〈키 라르고〉의 로렌 바콜, 〈카사블랑카〉의 험프리 보가트, 〈딥 인 마이 하트〉의 멀 오베론, 〈어느 날 밤 생긴 일〉의 크로데트 콜베르, 〈밤 그리고 도시〉의 진 티어니, 〈삼총사〉의 라나 터너, 〈꼭두각시〉의 딘 마틴, 〈북북서로 진로를 돌려라〉의 캐리 그랜트 그리고 〈셴〉의 알란 랏드 등 당시 할리우드를 누비던 쟁쟁한 스타들이 몬테카를로로 초청되어 왔다.

아리는 그들이 자기가 운영하는 카지노와 호텔, 그리고 컨트리 클럽과 카페들에서 마음껏 즐기며 휴식을 취하게끔 최고의 서비스를 무료로 제공했다. 물론 그때마다 상당한 비용이 들어갔다. 하지만 외신기자들이 찍어대는 사진들 역시 상당했다. 아리의 호텔이나 카지노 또는 크리스티나호를 배경으로 찍은 유명 인사나 할리우드 스타의 사진들은 재빠르게 전 세계 신문에 뿌려졌다. 그러자 채 6개월도 지나지 않아 몬테카를로가 재기한다는 소문이 나돌면서 관광객들이 몰려들기 시작했다.


그때 즈음에 할리우드의 미남배우 캐리 그랜트가 알프레

드 히치콕 감독의 〈도둑을 잡으려고〉를 촬영하러 몬테카를로에 왔다. 1954년 봄이었다. 캐리 그랜트와 친분이 있던 티나가 그를 상대 여배우와 함께 오찬에 초대했다. 그때 크리스티나호에 함께 나타난 여배우가 할리우드의 떠오르는 샛별이었던 그레이스 켈리였다. 티나가 두 사람을 맞는 동안 아리가 조금 늦게 자리에 나타났다. 아리는 그레이스 켈리를 보고 말했다.

"아니, 당신도 영화배웁니까?"

그러자 당황한 티나가 아리의 팔꿈치를 잡아채며 그리스어로 속삭였다.

"무슨 소릴 하는 거예요. 저 여잔 유명한 여배우예요."

다행히 그레이스 켈리는 아리의 질문을 기분 나쁘게 받아들이지 않았다. 무슨 일에선지 오히려 아리가 시종 불편해했다. 조금 후에 아리는 손님접대를 티나에게 맡기고 먼저 자리를 떴다. 그가 평소 아름다운 여자들을 대하는 것과는 전혀 다른 태도였다.

아리는 그때 일을 이렇게 설명했다.

"그때까지 나는 할리우드 여배우들을 수없이 많이 보아왔소. 하지만 그레이스와 같이 우아하고 기품 있는 여잔 처음 보았소. 그런 뜻에서 당신도 영화배우냐고 물었던 거요. 그녀는 타고난 왕비였소. 2년 후 그녀가 레이니에 공과 결혼했을 때 난 모나코를 정복하려던 내 야망을 이루기가 어려워졌다는 것을 즉각 느낄 수 있었소. 모나코는 왕다운 왕은 갖지 못했지만 왕비다운 왕비를 갖게 되었기 때문이오. 나만을 위해서였다면 그 결혼은 어떻게든 못하게 만들었어야 했소."

아리는 그가 두 사람의 결혼을 방해하는 어떤 일을 정말로 했는지에 대해서는 아무 말도 하지 않았다. 그렇지만 두 사람의 결혼을 막지 못한 것에 대해서는 분명히 후회했다.

# 26
## 그레이스 왕비

1956년 4월 12일 모나코 항은 유난히 아름다웠다. 청록색 바다 위에는 햇볕이 은가루를 뿌려놓은 듯 떠다녔고 청명한 하늘 위에는 종소리가 새떼처럼 날아다녔다. 항구 저편에서 배 한 척이 나타났다. 그러자 부두를 가득 메운 사람들이 일제히 환호성을 질러댔다. 왕비가 될 신부와 신부 가족들, 그리고 친지들을 태운 컨스티튜션호가 항구로 미끄러져 들어왔다. 세계 각국에서 온 600명이 넘는 사진사들과 그보다 훨씬 더 많은 숫자의 기자들이 카메라 셔터를 눌러댔다. 모나코 공국이 왕비 그레이스 켈리를 맞고 있었다.

그레이스 켈리는 1929년 11월 12일 미국 펜실베이니아 주

필라델피아에서 건축업으로 성공한 갑부의 딸로 태어났다. 미국 예술 아카데미를 졸업한 그녀는 22살 때 〈14시간〉이라는 영화에 조연으로 데뷔했다. 그러나 타고난 미모와 집안의 도움으로 다음 영화에서는 곧바로 여주인공 역을 맡았다. 1952년 프레드 진네만이 감독하고 게리 쿠퍼가 주연한 서부극 〈하이 눈〉이었다. 이 영화에서 그녀는 악당들과 홀로 맞서야 하는 외로운 보안관 케인의 아름답고 청순한 아내 에이미 역을 맡아 영화 팬들의 사랑을 받기 시작했다.

〈하이 눈〉의 흥행 성공으로 일약 스타가 된 그레이스 켈리는 이후 〈모감보〉, 〈회상 속의 여인〉, 〈다이얼 M을 돌려라〉, 〈백조〉, 〈상류사회〉 등에서도 당대 최고의 남자 배우들과 연기하며 명성을 쌓았다. 그 가운데 세계적인 스타인 클라크 게이블, 제임스 스튜어트, 스튜어트 그랜저, 캐리 그랜트, 알렉 기네스 등이 끼어 있다. 출연한 영화 11편이 모두 흥행에 성공했다는 기록도 남겼다. 1954년 겨울에 그녀는 〈컨트리 걸〉로 아카데미 여우주연상을 받음으로써 전 세계 영화 팬들의 연인이 되었다. 그녀의 나이 25살 때였고 연기를 시작한 지 4년 만이었다.

그때 즈음에 기자들이 그레이스 켈리를 인터뷰했다.

"먼로 양은 자신의 몸 사이즈를 공개했는데, 어떠세요? 몸

사이즈를 밝힐 의향이 있나요?"

라이벌이기도 했던 육체파 여배우 마릴린 먼로가 한창 섹스심벌로 이름을 날릴 때였다. 기자는 그레이스 켈리의 경쟁심을 자극하여 기삿거리를 얻어내려는 속셈이었다.

"숙녀는 그런 것을 밝히지 않지요."

그레이스 켈리의 대답이었다.

이듬해 봄 그레이스 켈리는 칸 영화제에 참석하기 위해 다시 대서양을 건넜다. 지난해 〈도둑을 잡으려고〉를 찍으러 몬테카를로에 다녀간 지 거의 1년 만이었다. 이때 프랑스 「파리 마치」지의 사진기자였던 피에르 갈랑이 모나코 왕궁을 배경으로 한 그레이스 켈리의 사진을 찍고 싶어서 레이니에 공에게 부탁했다. 평소 여배우들을 좋아하던 레이니에 공은 기꺼이 허락했다. 한술 더 떠 이번에는 손수 안내까지 해주겠다고 나섰다.

우아한 외모에 쾌활한 성격, 그리고 상류사회의 교양을 갖춘 그레이스 켈리는 이날 레이니에 공에게 평생 잊지 못할 강한 인상을 남겼다. 후일 그녀가 교통사고로 세상을 떠난 후에도 레이니에 공은 그날 「파리 마치」지를 위해 자기와 그레이스 켈리가 함께 사진을 찍은 일을 잊지 못할 추억거리로 이야기하곤 했다.

"그녀는 마치 하늘에서 내려온 한 마리 백조와 같았소."

당시 레이니에 공은 아직 미혼이었고 오래전부터 사귀어 오던 프랑스 여배우 지슬레 파스칼과도 헤어진 상태였다. 게다가 공국을 위해서는 왕위를 계승할 왕자가 필요했다. 레이니에 공의 정치고문 가운데 프랜시스 터커라는 미국인 신부가 있었다. 그는 레이니에 공에게 그레이스 켈리같이 유명한 미국인을 왕비로 얻으면 프랑스의 합병압력을 받고 있는 공국에 도움을 줄 것이라고 수차례 역설했다. 수십 통의 편지와 수백 통의 전화가 대서양을 넘어 오갔다.

머지않아 겨울이 왔다. 성탄을 즈음하여 레이니에 공이 비공식적으로 미국을 방문했다. 그리고 필라델피아에 있는 그레이스 켈리의 집을 찾아가 청혼을 했다. 1956년 신년축하 파티 석상이었다. 그때 그레이스 켈리는 빙 크로스비와 함께 찰스 월터스 감독의 〈상류 사회〉를 촬영하고 있었다. 그녀는 이 영화를 마지막으로 영화계를 은퇴하고 결혼을 발표했다.

아리와 레이니에 공은 그때까지만 해도 표면상으로는 절친한 사이였다. 몬테카를로의 관광 사업을 부활시키자는 같은 목적을 갖고 있었다. 물론 속셈은 달랐다. 레이니에 3세는 아리의 투자를 이용하여 왕국을 부흥시킴으로써 프랑스의 합병압력에서 벗어나는 것이 목적이었다. 하지만 아리의 속셈은 투자를 통해 모나코 경제를 장악함으로써 실질적인 왕으로 군림하는 것이었다. 아리의 속셈이 드러나는 데는 그리 오래 걸리지 않았다. 언제나 그랬듯이 언론이 문제를 일으켰다.

신문들이 아리가 가진 SBM의 지분을 낱낱이 밝히며 그를 '모나코의 은행을 사버린 사람' 또는 '몬테카를로의 왕'이라고 부르기 시작했다. 심기가 매우 불편해진 레이니에 공이 「루크」 잡지와의 인터뷰에서 몬테카를로가 '몬테그레코'가 되어가는 기분이라고 비꼬았다. 그레코는 '그리스인'이라는 뜻이다. 그는 기분이 언짢을 때마다 아리를 그레코라고 불렀다. 결국 몬테카를로가 아리의 수중에 들어가는 것을 경계하는 말이었다. 속셈을 들킨 아리는 "그 젊은 친구가 함부로 입을 놀리는구면."이라고 맞받았다. 두 사람의 관계는 차츰 서로를 의심하며 경쟁하는 사이가 되어갔다.

이런 미묘한 때에 그레이스 켈리가 레이니에 공의 청혼을 받아들였다는 소식이 모나코로 날아 왔다. 그러자 이번에도 언론이 나서 두 사람 사이의 경쟁을 부추기기 시작했다. 몬테카를로에서 여태까지 사교계의 여왕으로 군림하던 티나가 할리우드 여배우 출신 미녀 왕비에게 그 자리를 빼앗기게 되었다는 내용이었다. 아리는 대응하지 않았다. 하지만 무척 화가 났다. 그는 언론이 자기와 레이니에 공을 마치 라이벌인 것처럼 비교하는 것이 아주 싫었다. 게다가 티나와 그레이스 켈리를 견주는 것은 더욱 못마땅했다.

"난 어린 나이에 아무도 없는 타국에서 빈손으로 시작했소. 그러고도 마음만 먹으면 모나코 공국보다 더 큰 나라도 얼마든지 살 만한 부를 만들었소. 그런데 레이니에 공은 태어나 손 하나 까딱하지 않고 물려받은 나라마저 제대로 지켜내지 못하는 위인이오. 그런데 그런 사람과 나를 경쟁자로 비교한다면 그것은 크게 잘못된 것이오. 게다가 티나가 그레이스 켈리에게 밀린다는 것은 내 자존심을 형편없이 짓밟는 일이었소."

이것은 아리가 비단 레이니에 공에게만 아니라 유럽의 귀족들에게 근본적으로 갖고 있는 생각이었다. 아리가 보기에 그들은 대부분 무능하고 퇴폐적인 사람들인데도 공주, 왕자, 백작, 남작이라 불리면서 거들먹거리고 산다고 생각했다.

아리가 그들에게서 가장 듣기 싫어하는 말이 "어려서 무척 고생하셨다면서요?"였다. 그때마다 아리는 그들이 자신의 출신을 얕본다고 여겼다. 이것이 아리가 모나코 공국에 눈독을 들이게 된 결정적인 동기였다. 아리는 하찮은 귀족들의 코를 납작하게 눌러줄 만한 실질적인 권력을 갖고 싶었다. 아리의 입장에서 보면 너무나 당연한 인간적 욕망이었다. 그러나 "사람이 다른 사람을 공경하면 부귀와 명예 그리고 권력을 얻게 된다. 왜냐하면 부귀와 명예 그리고 권력은 다른 사람들로부터 나오기 때문이다."라는 「캅베드」의 가르침에는 분명히 어긋나는 욕망이었다.

결혼식은 비잔틴 양식의 대성당에서 거행되었다. 레이니에 공은 제복과 훈장, 그리고 리본으로 치장했다. 그레이스 켈리는 온 세상 여성들이 모두 부러워할 만큼 아름다운 웨딩 드레스를 입었다. 당시 33살이었던 신랑은 이미 앞머리가 약간 벗어진 데다 콧수염마저 길러 나이가 더 들어 보였다. 그러나 27살 젊은 나이로 삶의 정점에 선 신부는 아름다움에도 정점에 서 있었다. 전 세계에서 몰려든 사진사들은 신이 그날 하루 잠시 허락한 아름다움을 놓치지 않기 위해 하염없이 셔터를 눌러댔다.

이날 외신기자들의 관심 가운데 하나는 아리가 이 결혼식을 위해 레이니에 공 부부에게 준 선물이 과연 무엇인가였다. 물론 비밀이었다. 그럼에도 기자들이 알아낸 것이 있었다. 레이니에 공이 아리에게 "당신이 우리에게 줄 수 있는 가장 훌륭한 결혼선물은 몬테카를로에서 소란을 그만 피우는 것입니다."라는 뜻 모를 편지를 보냈다는 것이다. 뿐만 아니라 그럼에도 불구하고 아리가 그레이스 켈리에게 값을 따질 수 없는 다이아몬드 팔찌를 선물했다는 사실이다.

그런데 아리는 내게 묘한 말을 했다. 자기가 그레이스 켈리만이 아는 가명으로 다이아몬드와 루비로 장식된 왕비의 관도 보냈다는 것이다. 그레이스 켈리가 결혼식 만찬 때에 쓰고 나온 바로 그 관을 말했다. 그렇지만 그가 왜 그런 이상한 행동을 했는지에 대해서는 말하지 않았다. 감추고 싶은 뭔가가 있었다. 분명한 것은 아리가 그 결혼에 대해 무척 복잡한 감정을 갖고 있었다는 것이다. 그와 그레이스 켈리, 그리고 레이니에 공 사이에는 아무도 모르는 어떤 비밀이 있었다.

결혼식을 끝낸 레이니에 공 부부는 공국 소유의 요트 데오주반테를 타고 스페인으로 신혼여행을 떠났다. 또다시 축하종이 울리고 부두에는 왕과 왕비를 환송하려는 사람들이 몰려들었다. 그 군중들 사이에 사람들의 눈에 띄지 않게끔 검은 안경에 검은 양복을 걸치고 서 있는 사람이 있었다. 아리였다. 그는 불길한 예감에 휩싸여 있었다. 그렇지만 크리스티나호에서는 지중해 연안에서 여태까지 한 번도 보지 못한 호화로운 불꽃이 하늘 높이 솟아올랐다.

아리의 예감은 적중했다. 그레이스 켈리가 모나코 공국의 왕비가 된 다음부터 모나코 공국은 알아보게 튼튼해졌다. 아카데미상을 수상한 이후 그녀는 이미 세계적인 스타였다. 게다가 사람들은 월트 디즈니의 동화에나 나올 것 같은 그녀의 이야기를 좋아했다. 그 이야기 속에서 자기가 이루지 못한 어린 시절의 꿈이 실현되는 것을 볼 수 있었기 때문이다.

각 나라에서 수많은 관광객들이 동화 속 왕비가 사는 왕궁을 보러 몰려들었다. 그중에는 특히 미국인이 많았는데 이전에는 모나코 공국이 어디에 있는지조차 모르던 사람들이 대부분이었다. 한마디로 그레이스 켈리는 오늘날 미래상품으로 주목받고 있는 스토리텔링 산업의 원조였던 셈이다.

관광객들은 그레이스 켈리를 20세기 신데렐라로 생각했다. 따지고 보면 그녀는 부잣집 귀한 딸이자 할리우드에서 성공한 스타였기 때문에 불쌍한 신데렐라와는 엄연한 차이가 있었다. 그럼에도 사람들은 그 차이는 전혀 무시했다. 그리고 평민이 하룻밤 사이에 왕비가 되는 꿈같은 이야기 틀에 그레이스 켈리를 끼워 넣은 다음 마냥 좋아했다.

할리우드에서 지금까지 가장 자주 영화화된 소재의 순위에서 두 번째가 셰익스피어의 『햄릿』과 같은 복수극이다. 첫 번째는 영화 〈프리티 우먼〉과 같이 남성에 의해 여성의 신분이 상승하는 신데렐라 이야기다. 그만큼 사람들은 예나 지금이나 신데렐라 이야기를 좋아한다. 그래서 너 나 할 것 없이 모나코 공국으로 몰려들었다. 그레이스 왕비는 그 자체가 하나의 상품이자 권력이 되었다.

모나코 공국은 이제 아리의 도움 없이도 관광수입이 늘고 경제가 살아나기 시작했다. 게다가 결혼 1년 후에 캐롤라인 공주가 태어나고, 그 다음 해 3월에는 알베르트 왕자가 태어났다. 100발의 축포가 터지고 전 세계에서 축전이 날아들었다. 프랑스는 더 이상 합병을 요구할 빌미를 잃었다. 자연히 모나코 공국에서 레이니에 공의 입지가 강화되고 아리가 파고들 자리가 점점 협소해졌다. 아리에게는 새로운 돌파구가 필요했다.

# 27

## 왕국 없는 왕

1957년 여름이 왔다. 아리는 크리스티나호를 타고 어디론
지 떠날 계획을 세우고 있었다. 마침 세계 기록을 다시 갱신
한 6만 5천 톤짜리 유조선의 건조 계약이 체결되었다. 게다
가 얼마 전까지 골치를 썩이던 그리스 국영항공사인 TAE의
인수도 순조롭게 끝난 터였다. 아리는 항공사 이름을 '올림
픽 에어'로 바꾸고 규모를 확장하는 대규모 투자를 시작했다.
대형 여객기와 초음속 항공기를 들여와 국제선 취항을 대폭
늘렸다. 레이니에 공의 결혼식 이후 저조했던 기분이 모처럼
상쾌해졌다.

아리는 카리브 해로 떠나 조용히 쉴까 생각했다. 그런데
그때 책상 위에 놓인 초대장 하나가 눈에 들어왔다. 전설적

지휘자였던 토스카니니의 딸 카스텔바르코 백작부인이 이탈리아 베니스에서 보낸 것이었다. 서로 친분이 있는 사이라 특별한 것은 아니었다. 하지만 초대장 앞면에 박힌 짧막한 글이 눈길을 끌었다. 그곳에는 '마리아 칼라스를 위한 특별 파티'라고 적혀 있었다. 아리는 그때까지 마리아 칼라스를 만나본 적이 없었다. 그러나 그녀의 명성은 자주 듣고 있었다. 그녀는 자기만큼이나 유명한 그리스인이었다. 아리는 마리아 칼라스에게 흥미를 느꼈다.

크리스티나호가 베니스의 그랜드 운하 입구에 닻을 내렸을 때 그곳은 한창 놀기에 좋은 때였다. 파티는 백작부인의 웅장한 저택에서 열렸다. 100명이 넘는 손님이 초대되었다. 그 가운데는 켄트공작의 미망인 마리나 공주를 비롯한 유럽 귀족들과 마를렌 디트리히, 멀 오베른 같은 할리우드 스타들 그리고 아리와 티나 같은 부유한 계층 사람들이 끼어 있었다. 파티를 주최한 엘사 맥스웰은 오케스트라를 두 팀 고용했다. 한 팀은 정원에서 다른 한 팀은 연회장에서 연주했다.

마리아는 관습대로 약간 늦게 곤돌라를 타고 백작부인의 저택에 모습을 드러냈다. 정원에서 연주되던 음악이 곤돌라에서 부축을 받아 내리는 마리아 칼라스를 먼저 맞았다. 그녀는 화려한 진홍색 드레스 위에 다이아몬드로 장식된 진주

목걸이를 걸치고 나타났다. 이미 도착한 손님들이 그녀를 박수로 맞았다. 백작부인이 마리아에게 초대 손님들을 차례로 소개했다. 마리아가 아리의 앞에 서자 아리는 고개를 숙여 그녀의 손등에 키스한 다음 말했다.

"아시다시피 우리는 세상에서 가장 유명한 그리스인들입니다."

그러자 마리아가 물었다.

"그런데 무엇으로 그렇게 유명하신가요, 오나시스 씨?"

마리아는 아리에 대해 아는 것이 별로 없었다.

그날 마리아는 한껏 기분이 좋았다. 웃고 술을 마시고 평소 남들 앞에서 부르지 않던 '폭풍우가 치는 날씨'라는 블루스 곡을 부르기도 했다. 파티가 끝날 즈음에 아리가 크리스티나호를 타고 떠나는 지중해 유람에 마리아 부부를 초대했다. 남편 메네기니는 수락했지만 마리아가 거절했다.

"제 일정이 꽉 차서요."

"물론 그렇겠지요. 하지만 시간이란 찾아보면 늘 있기 마련이지요."

그날 두 사람은 이렇게 헤어졌다.


1958년은 아리에게 힘든 해였다. 7월에는 워싱턴에 있는 미국 하원 소속 해상 및 어업분과 위원회가 소집한 청문회에 소환되어 심문을 받았다. 혐의는 선박 거래 내역 조작에 의한 세금 포탈과 미국인 선원 미고용에 의한 의무 불이행이었다. 그런데 그것은 이미 3년 전에 벌금 700만 달러를 물고 해결한 사건이었다. 내막은 아리가 사우디아라비아와 아람코의 관계 사이에 뛰어든 것에 대한 보복이었다. 미국 신문들은 '몬테카를로의 왕 사기 혐의로 기소'라고 떠들어댔다. 아리에게 1,600만 달러의 상환금이 다시 부과되었다.

몬테카를로에서도 문제가 생겼다. 3월에 왕자를 얻고 더욱 기세등등해진 레이니에 공이 아리를 정면으로 공격하기 시작했다. 그는 아리가 약속한 관광시설 건립이 부진하다고 불평했다. 기자들 앞에서 "오나시스는 약속은 잘하고 이행은 할 줄 모른다."고 비난도 했다. 아리는 그와 언쟁을 벌일 기분이 아니어서 비서들에게 일을 처리하게 맡기고 몬테카를로를 떠나버렸다.

그 틈을 타 레이니에 공은 모나코 운영위원회의 간부로 있던 아리의 사람들을 내쫓고 그 자리에 자기 수하들을 앉혔다. 아리는 이번에도 대응하지 않았지만 몬테카를로에서 무슨 일이 벌어지고 있는지는 분명히 알아챘다.

아리는 다시 한 번 자신의 한계를 절실히 느꼈다. 입맛이 썼다. 그것은 12년 전 뉴욕 선박업자 서클에서 인정을 받지 못해 벽에 부딪혔던 때 이후 처음으로 맛보는 굴욕감이었다. 그때는 티나와의 결혼을 통해 그 벽을 넘었다. 그 후 거침없이 성장해 세계적인 갑부가 되었다. 「포브스」가 뽑는 5대 부자에도 들었다. 그런데 그는 이제 다시 넘어야 할 또 하나의 장벽을 바라보고 있었다.

아리는 자기 앞에 놓인 장벽을 뛰어넘는 길은 국제 사회에서 자신의 정치적 능력을 기르는 수밖에 없다고 생각했다. 그는 본디부터 권력에 대한 욕망이 강한 사람이었다. 그래서 레이니에 공을 비롯한 유럽의 귀족들을 멸시했지만 그 멸시에는 항상 선망이 섞여 있었다. 아리는 항상 자신을 '왕국 없는 왕'으로 생각했다. 그렇기 때문에 자기가 만일 어린 시절 스미르나에서 끔찍한 사건을 당하지 않았더라면 틀림없이 정치에 뛰어들었을 것이라고도 말했다.

그때부터 아리는 국제무대에서 자신의 정치적 입지를 강화시킬 수 있는 방법을 적극적으로 모색하기 시작했다. 우선 자기 주변에서 그 일을 도울 수 있는 사람들을 찾아보았다. 그러자 문득 떠오른 두 사람이 있었다. 하나는 영국의 은퇴한 노 재상 윈스턴 처칠 경이었고, 다른 하나는 마리아 칼라스였다.

두 사람 모두 세계적인 명성을 누리고 있는 데다 우연한 기회에 그리 어렵지 않게 접근할 수 있었기 때문이다. 아리는 다시「칸베드」의 힘을 빌리기로 하고 두 사람에게 접근했다.

## 28
### 곤경과 존경

    1958년 여름 처칠 경은 아내 클레멘타인과 함께 몬테카를로에서 얼마 떨어지지 않은 남프랑스에서 휴가를 보내고 있었다. 아리는 마침 몬테카를로에 머물고 있던 처칠 경의 아들인 랜돌프 처칠을 오찬에 초대해 융숭하게 대접했다. 그리고 윈스턴 처칠 경 가족을 초대하고 싶다는 말을 전해주길 부탁했다. 며칠 뒤 몬테카를로 항에 정박해 있는 크리스티나 호의 선상에서는 호화스런 오찬이 열렸다. 처칠 경 부처와 그의 비서인 브라운 경 부부가 아리 내외와 함께 자리했다.

    아리와 처칠 경은 첫 만남부터 서로 마음이 통했다. 두 사람 다 바다와 배를 좋아했다. 그리고 용기와 투지, 사내다움을 숭배했다. 해군장관 출신으로 배에 대해서 거의 전문가였던 처칠 경은 크리스티나호를 샅샅이 둘러보고 '예술적인 작품'이라는 칭찬을 아끼지 않았다. 그들은 식사를 하는 동안 정치, 역사 등 세상살이에 대한 이야기를 나누었다.

2차 대전의 노 영웅은 사내답고 야심에 찬 아리가 마음에 들었다. 그래서 당장 그가 머물고 있는 별장으로 초대했다. 뿐만 아니었다. 바다가 노을에 물들 즈음에 비서인 브라운 경이 집으로 돌아가자고 하자 처칠 경은 뭘 벌써 가느냐고 짜증을 냈다. 이렇게 시작한 두 사람의 관계는 7년 후 처칠 경이 세상을 뜰 때까지 꾸준히 지속되었다.

아리는 아무리 바쁘더라도 처칠 경을 위해서라면 시간을 냈다. 종종 사람을 보내 처칠 경을 몬테카를로에 있는 자기의 오텔 드 파리로 모셔와 식사를 대접하거나 크리스티나호에서 여는 파티에 초대했다. 처칠 경이 머무는 로케브룬 별장의 주인이 병이 났을 때에는 아예 오텔 드 파리 맨 위층에 있는 가장 크고 화려한 방 셋을 제공했다. 세상에서 이룰 모든 것을 다 이룬 노 영웅에게 남은 소망은 그저 편안한 여생을 즐기는 것이라고 파악했기 때문이었다. 이번에도 아리의 판단이 옳았다.

한번은 처칠 경이 크리스티나호에서 아리와 함께 영화를 보며 자기는 그레타 가르보를 좋아한다고 했다. 아리는 곧바로 뉴욕에 연락해서 그녀를 니스로 불렀다. 얼마 후 가르보와 처칠 경이 함께 식사하는 자리가 마련되었다. 가르보를 만난 노 정치가는 마치 우상을 만난 어린 소년처럼 기뻐했다. "**사람을 기쁘게 하려면 사람이 소망하는 것을 이루게끔 도와야 한다. 그러면 사람이 주는 귀중한 보물을 더 많이 얻을 수 있다.**"라는 「캅베드」의 가르침에는 처칠 경도 예외가 아니었다. 그 후 가르보는 크리스티나호에서 티나와 함께 휴가를 보내고 다시 그녀의 은거지로 돌아갔다.

얼마 후 처칠 경은 답례로 아리와 티나를 런던으로 초대해 켄트 지방에 있는 자신의 영지인 차트웰에서 함께 주말을 보냈다. 이따금 안개비가 내렸다. 하지만 처칠 경은 손님들을 이끌고 밖으로 나가 자기의 자랑거리인 검은 백조를 보여주었다. 점심식사 때는 샴페인을 대접하고 잔디에서 함께 크로켓을 하며 시간을 보냈다. 두 사람은 얼핏 아버지와 아들처럼 보였다. 나이로 보면 당연히 그랬다. 처칠 경은 83세였고 아리는 52세였다.

처칠 경과의 만남이 계속되면서 아리는 주위 사람들에게 점점 처칠 경을 닮아간다는 인상을 주었다. 아리는 처칠 경의 저서들도 모두 수집해서 읽기 시작했다. 「캅베드」의 가르침을 따라 상대를 이해하기 위해서 한 일이었다. 하지만 평소 책 읽기를 즐기지 않는 아리로서는 매우 특별한 일이었다. 그러자 아리가 처칠 경을 존경한다는 소문이 퍼지기 시작했다.

한 영국 잡지가 이에 대해 기사를 썼다. 아리의 오랜 친구이자 동료인 코스타가 그 잡지와 인터뷰를 했다.

"아리는 전후 미국과 영국이 창조한 자유세계가 가장 이상적이며 영원히 계속되리라 믿고 있습니다. 그는 바로 그 체제의 상징으로서 윈스턴 처칠 경을 깊이 존경하지요."

과연 그랬을까? 아리는 뜻밖에 이런 말을 했다.

"존경과 공경이 어떻게 다른 줄 아시오? 존경은 그것을 받을 만한 상대에게 바라는 것이 없이 바치는 정성이오. 따라서 존경에는 대가가 없소. 그러나 공경은 상대에게서 자기가 원하는 것을 얻으려고 바치는 정성이오. 따라서 공경에는 언제나 대가가 있소. 나는 처칠 경을 존경하지 않고 공경했소. 그에게서 내가 얻고자 한 것들을 다 얻어냈단 말이오. 다만 사람들이 그것을 몰랐을 뿐이오."

나는 이 말에는 지금까지도 동의하지 않는다. 왜냐하면 그는 분명히 처칠 경에게 깊은 존경심과 애정을 갖고 있었기 때문이다. 이후의 이야기를 들어보아도 그렇다. 아리는 처칠 경을 친아버지보다 더 정성으로 섬겼다. 주변 사람들은 그가 처칠 경을 모시는 모습을 보고 자주 감동하곤 했다.

1965년 1월 24일 처칠 경이 90살로 세상을 떠났다. 웨스트민스터 사원의 성 바오로 성당에서 장례식이 열렸다. 왕족의 장례식 외에는 참석하지 않는 전례를 깨고 엘리자베스 여왕이 참석했다. 배우 로렌스 올리비에 경이 처칠의 유명한 연설문 중 일부를 읽었다. 그 자리에 참석한 아리는 슬픔을 참지 못해 체면도 없이 목놓아 통곡했다. 보다 못한 처칠 경의 비서 브라운 경이 진정제를 가져다주었다. 하지만 그는 그 알약마저도 삼키지 못할 정도로 흐느끼며 울었다. 아버지 소크라테스 오나시스가 죽었을 때도 그렇게 울지 않았다. 그는 그 후에도 몇 달 동안은 자주 책상 앞에 앉아 처칠 경이 보낸 친필 편지들을 꺼내 읽으며 눈물을 흘렸다.

무슨 이유에선지 아리는 처칠 경에 대한 자기의 속마음을 내게 숨겼다. 어쩌면 자기가 처칠 경에게 해준 것은 너무 보잘것없고 그에게서 받은 것이 너무 많다는 것을 전하려고 그랬는지 모른다. 어쨌든 아리는 처칠 경을 존경한 것이 아니라 공경했다고 했다. 그럼으로써 자기가 원하는 것을 그에게서 모두 얻어냈다고 했다. 나는 그것이 무엇이었는지 무척 궁금했다.

# 29
## 윈스턴 처칠

  지중해에 가을이 왔다. 바다 빛깔이 훨씬 깊어졌다. 처칠
경과 아리는 바다가 한눈에 내려다보이는 오뗄 드 파리 테라
스에서 차를 마시고 있었다. 처칠 경은 6년 전 모로코 마라케
쉬에서 있었던 재미있는 이야기를 하며 언젠가 다시 가보고
싶다고 했다. 채 며칠이 지나지 않아 아리는 자기 항공사 비
행기 가운데 70개의 좌석을 가진 DC-6 여객기로 처칠 경을
모시고 모로코로 갔다. 비행기에는 처칠 경 부처뿐 아니라
딸 다이애나 그리고 비서 브라운 경이 함께 탔다.
  처칠 경은 마라케시에서 열렬한 환영을 받았다. 라바트 공
항에는 모하메드 국왕이 직접 보낸 수행원들과 주 모로코 영
국 대사가 처칠 경 일행을 영접하러 나왔다. 마라케쉬의 시

장과 마모우니아 호텔 지배인이 그 옆에 서 있었다. 비행기 문이 열리자 의장대가 환영식을 거행했다. 국왕이 연 만찬회에서 처칠 경은 참석한 주요 인사들에게 아리를 일일이 소개했다.

만찬 후 아리는 다른 일 때문에 같은 비행기를 타고 몬테카를로로 돌아갔다. 처칠 경에게는 크리스티나호로 모시러 다시 오겠다고 했다. 한 기자가 이 일을 두고 아리가 처칠 경과 마라케쉬에서 저녁 한 끼를 먹느라 5,000달러를 썼다고 비난했다. 그러나 그가 모르는 것이 있었다. 얼마 후 아리는 모로코에서 그 값의 1,000배 이상의 수익을 올렸다. 더구나 아리가 다시 모로코를 방문했을 때는 그날 처칠 경이 받았던 것과 같은 대우를 받았다.

아리는 처칠 경을 통해 국제사회에서 자신의 위치를 한 단계 더 상승시킬 수 있다는 것을 분명히 알고 있었다. 처칠 경은 영국 수상을 두 번이나 지냈다. 뿐만 아니라 2차 대전을 승리로 이끌어 자유세계에 평화를 안겨준 전쟁 영웅이었다. 게다가 그는 6권으로 된 『제2차 세계대전』으로 1953년 노벨 문학상을 받은 지성인이기도 했다. 세계 어디를 가도 그와 함께 다니면 정치적으로나 문화적으로 최정상의 인물들을 만날 수 있었다. 그렇지만 그것이 아리가 처칠 경을 공경함으로써 얻어낸 것의 전부는 아니었다.


 며칠 후 아리는 티나와 함께 크리스티나호를 몰고 카사블랑카 남부에 있는 모로코 항구 사피로 갔다. 그곳에서 처칠 경 일행과 다시 합류했다. 그 다음에는 처칠 경이 가고 싶어하는 대로 뱃머리를 돌려 카리브 해로 떠났다. 크리스티나호의 선실들은 모두 그리스 섬에서 이름을 따왔다. 유람을 하는 동안 처칠 경은 크리스티나호 선실 가운데 가장 크고 화려한 '키오스' 실에 묵었다. 복도 건너에 있는 '이카다' 실에는 부인이 들었고 옆방 '크레타' 실에는 시중꾼들이 대기했다.

 매일 아침 시계가 9시를 알리면 시종 루이가 오렌지 주스와 커피를 쟁반에 받쳐 들고 키오스 실로 들어가 처칠 경을 깨웠다. 처칠 경은 아침식사 후 반드시 그가 사랑하는 브랜디 위스키를 한 잔 가득 마셨다. 그리고 침대에 등을 기대고 비스듬히 앉아 독서를 했다. 고령인데도 책 종류를 가리지 않고 하루에 200페이지가량을 읽었다. 정오에는 아리와 함께 식사를 했다. 아리는 그의 끝없는 식욕에 언제나 놀라곤 했다.

 점심 후에는 낮잠을 자거나 오락실에서 포커를 했다. 좋은 패가 들어오면 곧바로 어린아이처럼 좋아하며 싱글벙글 미소를 지었다. 때문에 따기는 어려웠다. 이글거리던 태양이 어느덧 기울고 배가 저녁 햇살 속으로 들어갈 즈음에는 디너 자켓에 블랙 타이 차림으로 갑판으로 나갔다. 그리고 시가를 입에 물고 장엄한 노을을 바라보았다.

저녁식사 후에는 으레 샴페인이나 브랜디를 마시면서 영화를 보았다. 가끔은 자기가 외운 시를 낭송하기도 하고 노래를 부르기도 했다. 아리는 저녁마다 처칠 경과 몇 시간씩 마주 앉아 담소를 나누었다. 그러나 말만 담소였다. 그는 언제나 조용히 앉아 처칠 경의 이야기에 귀를 기울였다. 아리는 본디 듣는 데 명수였지만 처칠 경과 함께 있을 때는 특히 그랬다. 이야기는 대부분 두 차례에 걸친 세계대전 뒤에 감추어진 정치인과 군인들에 관한 것이었다.

처칠 경은 루스벨트 대통령이나 스탈린에 대해서도 이야기했다. 그런데 루스벨트보다는 스탈린을 칭찬했다. 자기가 만나본 정치가들 중에서 스탈린이 가장 약속을 잘 지켰다고 했다. 뛰어난 전공을 세운 몽고메리나 아이젠하워, 패튼 같은 장군들과 뒤얽힌 이야기들도 했다. 처칠 경은 그들이 어떻게 용기를 내서 싸웠으며 또 어떻게 실패했는지를 말해주었다. 곁들여 진심 어린 충고도 했다.

"아리, 돈을 잃는 것은 적게 잃는 거라네. 그러나 명예를 잃는 것은 크게 잃는 것이지. 더더욱 용기를 잃는 것은 전부를 잃는 거야."

아리는 처칠 경이 하는 모든 이야기들을 소중히 여겼다. 그 가운데는 재미있는 일화도 종종 끼어 있었다.

제2차 세계대전 중 중립을 선언했던 미국에 참전을 요청하러 갔던 때였다. 처칠 경이 묵고 있는 호텔에 루스벨트 미국 대통령이 갑자기 찾아왔다. 마침 욕실에 있던 처칠은 몸에 수건 하나만 걸친 채로 문을 열었는데 당황한 나머지 수건을 떨어뜨리고 말았다. 처칠 경의 알몸을 본 루스벨트 대통령이 황급히 나가려 하자 처칠 경이 외쳤다.

"이게 전부입니다. 알몸은 모든 게 투명하고 솔직하지요. 가식 없는 알몸으로 도움을 청하려고 합니다."

처칠 경은 이 만남이 미국의 참전을 이끌어 연합군의 승리를 가져왔다고 했다. 그리고 그때 수건이 떨어진 것은 자기가 고의로 연출한 것이라고도 했다.


유람을 마치고 크리스티나호가 모나코 항으로 돌아왔을 때 아리는 새로운 소식을 들었다. 미국 매사추세츠 주 상원의원인 존 F. 케네디가 그의 부인 재클린과 함께 몬테카를로 부근에 와 있는데 처칠 경을 만나보고 싶어한다는 것이다. 아리가 그 소식을 처칠 경에게 전했다.

"케네디 상원의원이 뵙고 싶어하는데 만나보시겠습니까?"

존 F. 케네디뿐 아니라 영국 주재 미국대사였던 그의 아버지 조셉 케네디도 잘 알고 있던 처칠 경은 밝은 표정으로 말했다.

"그럼, 만나보아야지. 케네디 군이라면 장차 미국 대통령 감이 아닌가. 난 케네디 군과 얘기를 나누고 싶네."

아리는 티나가 크리스티나호 선상에서 오후 3시에 칵테일 파티를 열기로 계획하고 케네디 상원의원을 초대했다. 초청장에는 처칠 경이 8시 15분에 저녁식사를 하는 관계로 7시 30분까지 돌아가 달라는 말도 덧붙였다. 케네디 상원의원을 맞은 처칠 경은 당시 국제정치에 대한 이야기를 서로 나누다가 물었다.

"다음 대통령 선거를 어떻게 생각하는가?"

"아무래도 어려울 것 같습니다. 제가 가톨릭이어서요."

그러자 처칠 경이 껄껄 웃으며 간단한 대책을 내놓았다.

"그렇다면 개종하게! 마음만 독실한 가톨릭이면 될 것이 아닌가."

아리는 처칠 경의 이런 사내다운 호방함을 좋아했다. 케네디 상원의원도 유쾌하게 따라 웃었다. 과거의 영국 수상과 미래의 미국 대통령은 정치에 관한 이런저런 이야기를 허심

탄회하게 나누다가 9시가 넘어서야 헤어졌다.

아리는 처칠 경과 그를 찾는 정치가들이 나누는 이야기들을 언제나 귀담아 들었다. 그들은 그동안 자기가 사업상 만나온 사람들과는 전혀 다른 종류의 사람들이었고 아예 다른 이야기들을 나누었다. 처칠 경과 케네디 상원의원의 대화를 옆에서 들으면서도 아리는 산전수전 다 겪은 노 정치가가 야심에 찬 젊은 정치가를 어떻게 다루는지를 보았다. 뿐만 아니라 미래를 설계하는 젊은이가 과거를 회상하는 노인을 어떻게 예우하는지도 함께 보았다. 누구 앞에서나 자기 생각을 직설적으로 표현할 줄밖에 모르던 아리로서는 느끼고 배운 것이 하나둘이 아니었다.

아리는 처칠 경을 둘러싸고 있는 저명한 인물과의 교류에 커다란 희열을 느꼈다. 그는 그들이 세계와 역사를 이끌고 만들어가는 사람들이라고 생각했다. 그리고 친구들에게 입버릇처럼 말했다.

"처칠 경과 그 주변에 있는 사람들은 다른 유럽 귀족들과는 달라. 진짜 품위 있는 사람들이야. 품위는 물려받는 것이 아니라 스스로 만들어가는 거지."

인간의 품위라는 것은 물려받은 돈과 권력 그리고 명예에서 나오는 것이 아니라, 오직 자신의 피와 땀과 눈물로 이

룬 성과에서 나온다는 말이다. 바로 그런 의미에서 아리에게
는 처칠 경과 그 주변에 있는 사람들이 '진짜 품위 있는 사람
들'이었다. 아리는 그들과의 만남을 통해 얻는 새로운 생각과
안목을 자기가 처칠 경을 공경함으로써 얻어낸 대가라고 말
했다.

"나는 처칠 경에게서 인간이 가질 수 있는 품위와 영광이
무엇인지를 똑똑히 보았소. 그것이 내가 처칠 경을 공경함으
로써 그에게서 얻어낸 것이오."

아름다운 말이었다. 다만 아쉬운 것은 아리는 그가 배운
것을 자신의 삶에 적용시킬 줄 몰랐다는 것이다.

## 30
## 마리아 칼라스

1959년 6월 17일에 영국이 자랑하는 코벤트 가든의 로열 오페라 하우스에는 특별한 공연이 예정되어 있었다. '금세기 가장 위대한 소프라노'인 마리아 칼라스의 〈메데아〉였다. 지난해 말 마리아는 그동안 오랜 불화를 겪어오던 뉴욕 메트로폴리탄의 감독으로부터 일방적인 계약해지 통고를 받았었다. 그녀는 분노했다. 그 직후 가진 댈러스 공연에서 그녀는 독을 품고 〈메데아〉를 연기했다. 그리고 그녀의 '성악 공연 가운데 단연 최고'라는 평을 받았다. 바로 그 작품이 그날 런던에서 준비되고 있었다.

아리는 본래 오페라를 그리 좋아하지 않았다. 그에게 오페라는 '소리를 꽥꽥 지르며 노래하는 이상한 연극'이었다. 그런 그가 갑자기 이 공연을 위해서 런던 최고의 호텔에서 대규모 파티를 준비했다. 오직 마리아 칼라스 때문이었다. 그는 자신의 런던 사무소의 관리자에게 160명의 명사들이 적힌 초청명단을 건넸다. 명단에는 처칠 경 일가, 켄트 백작부인과 그의 딸 알렉산드라 공주를 포함한 영국을 비롯해 유럽 여러 나라의 귀족들과 게리 쿠퍼, 로렌스 올리비에와 비비안 리 부부, 더글러스 페어뱅크스 주니어, 노엘 카워드, 마이클 레드글레이브 같은 스타들이 들어 있었다.

그날 오전에 아리는 마리아에게 붉은 장미가 가득한 꽃바구니 세 개를 보냈다. 그중 두 개는 자기 이름으로 다른 하나는 '티나와 아리'라는 이름으로 보냈다. 매력 있는 여자가 그의 앞에 나타날 때마다 으레 하는 공식 행사다. 마리아에게도 처음은 아니었다. 마리아가 1958년 크리스마스를 앞두고 파리에서 갈라 콘서트를 열었을 때에도 아리는 호사스런 장미 꽃 바구니를 보냈다 그때는 두 개였고 이름은 밝히지 않았다.

당시 프랑스 대통령인 르네 코티가 참석했던 파리 갈라 콘서트의 수익금은 레종 도뇌르 훈장 기금으로 들어가게 되어 있었다. 마리아의 출연료 1만 달러도 기부금으로 헌납되었다. 그런 만큼 국제 사회의 저명한 명사들이 역사상 최고의 입장료를 지불하고 왔다. 그중에는 윈저 공 부처, 알란 칸 왕자, 금융재벌 에밀 드 로스차일드, 배우 찰리 채플린 부부, 패션모델 베티나, 시인 장 콕토 등을 비롯한 유럽의 귀족들, 영화계 스타들, 예술계 거장들, 대재벌들이 참석했다. 그 가운데 아리와 티나가 들어 있었다.

마리아는 타고난 드라마틱 소프라노 가수였다. 그녀의 목소리는 낮은 F#에서 높은음자리표 위의 E까지 세 옥타브가 조금 못되는 음역을 아울렀다. 보통 중음역의 C 이하로 내려가기 어려운 소프라노 가수로서는 엄청난 음역을 소화하는 셈이다. 그녀의 노래를 들은 데아트로 코뮤날레의 감독 프란시스코 시칠리아니는 마리아를 '19세기 책에서나 읽어본 적이 있는 실존하는 드라마틱 소프라노 가수'라고 평했다.

뿐만 아니었다. 오페라 가수로서 마리아의 또 다른 탁월함은 표현력에 있었다. 그녀는 연극에 대한 심오한 이해와 관객들이 극과 현실을 혼돈하게 만들 만큼 몰입하는 연기력, 그리고 가사의 의미를 풍부하게 살려내는 기술을 거의 천성적으로 타고났다. 누구도 오페라 무대에서 마리아를 흉내 낼 수 없었다. 그녀의 공연은 하나하나 신화가 되었고 그녀는 점점 살아 있는 전설이자 권력이 되었다.

파리 갈라 콘서트에서도 마리아는 사람을 압도하는 카리

스마로 무대를 장악했다. 무대에 서면 그녀는 실제보다 키가 훨씬 더 커 보였다. 윤곽이 뚜렷한 이목구비와 이마 위로 한껏 당겨 올린 앞머리 때문에 그렇게 보였다. 효과적으로 감정을 표현하는 손짓과 몸짓, 그리고 검게 화장한 커다란 두 눈동자는 보는 사람들을 압도하다 못해 최면에 빠트렸다.

마리아가 노래를 시작하자 장내를 가득 채운 국제 사회의 명사들은 모두 하나같이 빛을 잃었다. 유럽의 왕족이든, 할리우드 스타든, 세계적인 재벌이든 그 누구도 그녀의 머리에서 발끝까지 뿜겨져 나오는 위엄 앞에서 숨을 죽였다. 그녀의 온몸에서 아우라가 뿜겨져 나왔다. 이 놀라운 광경을 놓칠 아리가 아니었다. 그가 여태까지 본 여자들 가운데 마리아만큼 강한 카리스마를 가진 인물은 없었다.

순간 아리는 그레이스 켈리 왕비에게 밀려 사교계에서 빛을 잃어가는 티나를 떠올렸다. 왕에게는 어울리는 여왕이 있어야 하는 법이다. 마리아 칼라스라면 외모와 매력, 그리고 무엇보다도 명성에서 그레이스 왕비를 압도할 충분한 능력을 갖추고 있었다. 당시 마리아는 가는 곳마다 신문기자들을 몰고 다녔고 그녀의 기사는 언제나 신문 헤드라인을 장식했다.

이날 저녁 아리는 마리아를 새로운 공경의 대상으로 선택했다. 오직 그녀만이 처칠 경과는 또 다른 측면에서 국제 사회에서 자기의 위상을 한 단계 더 상승시켜줄 권력을 갖고 있다고 생각했다. 아리는 언제나 그랬듯이 그녀에 대한 정보를 모으기 시작했다.

마리아 칼라스는 1923년 12월 2일 뉴욕에서 그리스 이민 가정의 둘째 딸로 태어났다. 어릴 때부터 지독한 근시였고 뚱뚱했지만 아름다운 목소리와 풍부한 표현력을 갖고 있었다. 1929년 대공항이 일어나서 약국을 하던 아버지 게오르그가 파산하자 어려운 어린 시절을 보냈다. 하지만 딸의 재능을 알아차린 어머니 에반겔리아는 딸에게 성악수업을 시켰다.

1937년에 마리아는 성악공부를 위해 어머니, 언니와 함께 그리스로 건너가 국립 음악원의 마리아 트리벨라 교수 밑에서 발성의 기초를 다졌다. 이후 아테네 음악원의 엘비라 데이달고 교수에게로 가서 혹독한 벨칸토 창법 훈련을 받았다. 제2차 세계대전 중 독일 점령군 치하에서는 끼니를 거르는 가운데서도 성악공부를 중단하지 않았다. 그 결과 1942년 8월 27일에 아테네 오페라단이 공연하는 푸치니의 〈토스카〉로 데뷔했다. 공연은 성공적이었고 마리아는 인정받았다. 아테네에서의 성공을 발판으로 마리아는 1945년에 뉴욕으로 진출했다.

1946년 어느 봄날 마리아는 한껏 부푼 가슴으로 메트로폴리탄 오페라단의 문을 두드렸다. 그렇지만 이런저런 이유에서 별 성과가 없었다. 그런데 그녀의 실력을 인정한 기획사 사장 바가로지 부부의 소개로 이탈리아 베로나 오페라단의 예술 감독을 알게 되었다. 마리아의 노래를 들은 그는 즉석에서 그녀와 계약했다. 다음 해 2만 5천 석의 객석을 가진 로마의 야외 광장에서 공연할 〈라 지오콘다〉에서 지오콘다 역이었다. 마리아는 다시 부푼 꿈을 안고 이탈리아로 건너갔다.

　　1947년 6월 27일에 나폴리에 도착한 마리아는 거의 같은 시기에 그녀의 인생을 좌우할 두 사람을 만났다. 하나는 훗날 그녀의 매니저이자 남편이 된 52세의 이탈리아 사업가 바티스타 메네기니였다. 그리고 다른 하나는 위대한 이탈리아 지휘자이자 그녀의 평생 스승이었던 툴리오 세라핀이었다. 이때 마리아의 나이는 24세였다.

　　마리아는 불과 몇 년 지나지 않아 무능하고 돈만 밝히는 남편 메네기니와는 사이가 나빠졌다. 하지만 그녀는 마에스트로 세라핀만은 평생 존경하고 따랐다. "아, 정말 그분으로부터 받은 것이 얼마나 많은지!" 마리아는 기회가 있을 때마다 세라핀에 대한 감사와 찬사를 아끼지 않았다. "제게 예술의 의미를 가르쳐주신 분은 바로 세라핀 선생님이십니다."

메네기니의 후원과 세라핀의 지도는 마침내 마리아를 세계 정상에 올려놓았다.

마리아의 경력을 살펴본 아리는 그녀가 자기와 매우 닮은 사람이라는 것을 알아챘다. 우선 어려운 가운데서도 굽힐 줄 모르는 강한 기질로 세계 정상에 선 것이 그랬다. 또한 자기에게 도움을 줄 사람을 재빨리 골라내 제대로 이용하는 방법을 아는 것이 그랬다. 아리는 그녀가 늙고 무능한 남편을 떠나 자기에게 오리라고 확신했다.

런던 코벤트 가든에서의 〈메데아〉 공연은 댈러스 공연의 극적인 활기를 살리진 못했다. 마리아 스스로 불만스러워했다. 그럼에도 12번이나 커튼콜을 받았다. 공연 후 도체스터 호텔에서 열린 파티에 마리아는 6월이라 상당히 더운데도 친칠라 모피코트를 걸치고 나타났다. 그 전날에 아리가 선물로 보낸 것이다. 아리는 그것을 그녀가 자기를 받아들인다는 표시로 받아들였다. 때를 놓치지 않고 7월에 처칠 경 부처와 함께 크리스티나호를 타고 지중해로 떠나는 유람선 여행에 마리아 부부를 초대했다. 이번에는 마리아가 기꺼이 승낙했다.

아리가 파악한 마리아의 소망은 남편 메네기니보다 경제적 능력이 있는 후원자를 갖는 것이었다. 그녀는 이미 세계 최고의 소프라노 가수였지만 명성에 어울릴 만한 호사를 누릴 경제력이 없었다. 이유는 그녀의 형편없는 돈 관리 능력 때문이기도 했다. 하지만 상당 부분은 남편이 개인 용도로 쓰기 위해 마리아의 수입을 자기 통장으로 빼돌렸기 때문이었다.

마리아가 걸친 다이아몬드 장신구들이나 모피들은 상점 또는 디자이너들에게 빌린 것이 대부분이었다. 아리는 그런 정보까지도 재빨리 알아냈다. 그래서 놀랄 만큼 비싸지만 6월에는 결코 어울리지 않는 친칠라 코트를 선물로 보냈던 것이다. 그 선물 더미 안에는 친칠라 코트뿐만 아니라 "당신의 소망을 내가 안다."라는 신호가 함께 들어 있었던 셈이다. 예상대로 마리아는 도에 넘치게 기뻐했다. 그리고 몸과 마음을 함께 열었다. 아리가 원하던 「캄베드」의 마법이 또 이루어졌다.

왕에게는 그를 빛내줄 아름다운 왕비가 필요하듯이 여왕에게도 그녀를 지켜줄 강한 기사가 필요했다. 아리는 자기가 바로 그 강한 기사라는 것을 알리기 위해 친칠라 코트며 도체스터 호텔 파티, 그리고 처칠 경과 함께하는 3주간의 지중해 유람 같은 거창한 제스처를 보냈다. 마리아는 그 제스처가 무엇을 뜻하는지를 본능적으로 파악했다. 그녀에게는 언제나 뒤를 받쳐줄 사람이 필요했다. 그때까지 어머니와 바가

로지 부부, 그리고 남편 메네기니가 바통을 이어가며 차례로 그 역을 맡았다. 이제는 아리가 맡을 차례였다.

1959년 7월 22일에 처칠 경이 니스에서 비행기로 날아왔다. 항상 그랬듯이 부인과 딸, 그리고 주치의와 비서도 함께 데리고 왔다. 다음 날에는 피아트 자동차 사장 부부와 마리아 칼라스 부부가 몬테카를로에 도착했다. 크리스티나호는 더 이상 지체하지 않고 모나코 항을 떠났다. 티나와 두 아이들도 함께 떠났다. 모두들 기쁨과 활력이 넘쳤고 자기들이 탄 배가 나갈 항로를 알고 있었다. 하지만 항상 그렇듯이 운명의 주사위가 어떻게 던져질지는 아무도 몰랐다.

# 31
## 재클린 케네디


크리스티나호는 푸른 지중해를 지나 녹색의 에게 해로 들어갔다. 갑자기 상쾌한 소나기가 여름 바다 위를 지나가더니 구름 사이로 뿌연 햇살이 쏟아져 하늘에서 늘어뜨린 너울처럼 드리웠다. 그리스에는 죽기 전에 에게 해를 여행하는 행운을 누린 사람은 복이 있다는 말이 전해온다. 크리스티나호에 탑승한 사람들은 날마다 그런 행운을 실컷 누렸다. 이틀에 한 번 꼴로 이름난 항구에 닻을 내렸다. 하지만 어느 아름다운 항구에도 오래 머물지는 않았다. 사람들은 배가 항구에 머물 동안 이국적인 풍물과 진기한 음식들을 즐겼다.

바다는 날마다 눈부시게 아름다웠고 모두들 행복했다. 마리아 칼라스가 특별히 그랬다. 아리가 자기를 사랑한다고 생각했기 때문이었다. 크리스티나호에는 자신의 남편인 메네기니와 아리의 아내인 티나가 함께 타고 있었지만 사랑에 빠진 그녀에게는 그 누구도 보이지 않았다. 오직 아리만 보였다. 한껏 행복에 도취한 눈빛으로 마리아가 처칠의 비서인 브라운 경에게 말했다. "평생 처음으로 제가 여자라는 느낌이 들어요." 사람 좋은 브라운 경은 아무 대답도 하지 않았다. 그러나 훗날 아리에게 이렇게 전했다. "나는 그때 당신과 티나의 결혼생활이 파경으로 치닫는 것을 보고 슬펐소."

티나는 더 슬펐다. 마리아 칼라스와 아리의 관계를 알아챈 그녀는 버림 받았다고 생각했다. 곧바로 이혼을 결심했다. 두 사람의 결혼은 이미 오래전부터 파경에 이르러 있었다. 아리는 여러 여자들과 성적 관계를 맺고 있었고 티나도 다른 남자를 사귀기 시작했다. 그래도 이혼까지는 생각하지 않았다. 그런데 이번에는 경우가 달랐다. 마리아 칼라스를 쳐다보는 아리의 눈빛이 그의 침대를 파고드는 다른 여자들을 볼 때와 전혀 달랐기 때문이었다. 티나는 아리의 속마음을 꿰뚫고 있었다.

"아마 당신은 예전에 나에게 그랬듯이 짧은 시간 동안 마리아를 여왕처럼 대접하겠지요. 그러다가 다시 야심이 움직이는 대로 아마 더 능력 있는 여자, 더 유명한 여자, 당신이 열 수 없는 문을 열어주는 여자한테로 옮겨 가겠지요. 사랑이라고요? 당신은 사랑을 모르는 사람이에요. 당신이 할 줄 아는 것은 능숙한 연기뿐이지요. 당신 인생은 그 자체가 당신이 창조해낸 연극일 뿐이에요.

나는 당신의 사회적 지위는 높여주었지만 마리아처럼 신문 1면에 실어줄 능력은 없는 거지요. 그래서 지금으로는 마리아가 필요한 것이겠지요. 하지만 어느 날 마리아가 줄 수 없는 것을 주는 여자가 나타나면 당신은 나를 버렸듯이 마리아에게서도 떠날 거예요. 그러다 어느 날엔가 혼자 쓸쓸히 죽겠지요. 불쌍한 사람, 그게 당신이에요."

아리는 그 말을 들으며 조금도 화가 나지 않았다고 했다. 모두 사실이었기 때문이라고 했다. 두 사람은 유람이 끝나고 배에서 내리자마자 이혼수속을 서둘렀다. 불과 석 달 만에 서로 갈라섰다.


티나의 말은 조금도 빗나가지 않았다. 9년 후 아리는 티나를 떠난 것과 똑같은 이유에서 똑같은 방식으로 다시 마리아를 떠났다. 그리고 존 F. 케네디 미국 대통령의 미망인인 재클린에게로 갔다. 재클린은 당시 세계에서 가장 주목받는 여인이었고, 케네디 집안은 미국 정부와의 오랜 악연에서 아리를 구해줄 수 있는 충분한 힘을 갖고 있었다. 존은 죽었지만 그의 동생 로버트가 차기 대통령 감으로 강력하게 떠오르고 있었다.

"1946년에 소득세를 내지 않았다는 이유로 연방정부에서 기소당한 후 20여 년 동안 굳게 닫힌 미국 시장의 빗장을 열 길이 내게는 없었소. 그런데 미국 시장을 포기하고는 세계 제일의 부자가 되기는 불가능했소. 그래서 재키가 필요했던 거요."

아리는 케네디 대통령 암살 이후 슬픔에 빠진 재키에게 이미 40년 넘게 사용한 공식대로 했다. 그에게는 너무나 익숙해 잠결에도 할 수 있는 수법이었다. 먼저 꽃바구니와 선물들을 보냈다. 이번에는 붉은 장미꽃 대신 분홍색 모란꽃을 가득 담았다. 재클린이 가장 좋아하는 꽃이었다. 물론 그녀의 소망도 단박에 알아냈다. 혹 자신도 살해되지 않을까, 아이들이 납치되거나 해를 입지 않을까 하는 근심으로 노이로제에 걸린 그녀가 원하는 것이란 보나마나 뻔했다.

아리는 재클린에게 미국을 떠나 세상에서 가장 안전한 곳에 거처를 마련해주겠다고 말했다. 그곳에 특수부대 출신으로 만든 사설 경호부대를 두어 지금 그녀를 경호하는 몇 명 안 되는 FBI보다 훨씬 더 안전하게 지켜주겠다고 약속도 했다. 빈말이 아니었다. 아리는 얼마 전 사들여 호화롭게 단장한 스코르피오스 섬을 염두에 두고 장담한 것이다.

스코르피오스 섬은 아리가 탐내던 모나코 공국만 한 크기였다. 그곳에는 본디 어부들이 사는 오두막집들과 조그마한 성당이 있었다. 아리는 바다에 닿은 하얀 석회암벽 비탈을 따라 수 마일의 순환도로와 관통도로를 내고 궁궐 같은 저택을 지었다. 그 주위에 여섯 채의 손님용 별채와 하인들 숙소도 따로 만들었다. 한쪽 해안을 매립하여 두 개의 부두도 준설했다. 하나는 크리스티나호 전용이고 다른 하나는 손님들이 몰고 올 요트들을 위한 것이었다. 그곳에 최정예 무장 사병들을 배치했다. 그는 더 이상 왕국 없는 왕이 아니었다. 오직 왕비만 없었다. 그 자리에 미국 대통령 영부인이었던 재클린을 앉히려는 것이다.

재클린은 아리가 자신의 약속을 충분히 지킬 만한 능력을 갖고 있다는 것을 잘 알고 있었다. 하지만 선뜻 청혼을 받아들일 수는 없었다. 시동생 로버트 F. 케네디가 차기 대통령이 되기 위해 민주당 예비 선거를 치르고 있기 때문이었다. 그녀는 자기의 재혼이 행여 선거에 나쁜 영향을 미칠까 염려했다. 재클린은 남편이 살해된 후 시동생에게 의지하고 있었다. 그런데 1968년 6월 5일에 로스앤젤레스 앰배서더 호텔에서 모금운동을 하던 로버트마저 암살당했다. 재클린은 겁에 질려 외쳤다.

"그들이 케네디가 사람들을 죽이려 한다면 다음에는 우리 아이들이 목표일 거예요. 난 이 나라에서 도망치고 싶어요."

아리는 의미 있는 미소를 지었고 재클린은 그의 청혼을 수락했다.

1968년 10월 20일 저녁에 마리아는 파리 맥심 레스토랑에서 식사를 하고 있었다. 그때 갑자기 기자들이 몰려와 그녀에게 물었다. 아리와 재클린의 결혼식 소식을 들었냐는 것이었다. 그녀는 황급히 레스토랑을 빠져나와 파리 에비뉴 가에 있는 그녀의 아파트에 틀어박혔다. 문을 걸어 잠그고 모든 창에 커튼까지 내렸다. 망원렌즈를 끼고 셔터를 눌러대는 파파라치들을 피하기 위해서였다. 그런 다음 하염없이 울었다. 그녀는 흐느끼며 9년 전 티나가 했던 것과 똑같은 말을 반복했다.

"그이는 재키를 사랑하지 않아. 그냥 사업상 필요할 뿐이야. 어떻게 사람이 그렇게 잔인할 수 있어? 어떻게 사람이 그렇게 기만적일 수 있어? 어떻게 사람이 그렇게 미친 짓을 할 수 있나 말이야. 불쌍한 사람, 불쌍한 사람……."

마리아는 어쩌면 아리를 진정으로 사랑한 유일한 여인이

었는지도 모른다. 그녀가 평생 존경하고 따랐던 지휘자 세라핀이 언젠가 마리아에게 왜 아리와 헤어지지 않는지를 물었다. 그러자 마리아는 이런 대답을 했다.

"아리가 없으면 저는 아무것도 아니에요. 그이의 눈을 통해서만 여자가 되는걸요."

아리는 나중에 마리아의 오랜 친구인 바소 데베치에게서 이런 이야기들을 들었다고 했다.

"그렇소. 여자들 말이 맞았소. 나는 불쌍한 사람이오. 세상 그 누구도 가질 수 없는 것들을 다 가졌지만 세상 그 누구나 갖고 있는 것은 모두 잃었소. 사랑도 잃고, 가정도 잃고, 자식들마저 잃었소. 그런데 내가 가진 것들은 사실은 아무것도 아니었소. 내가 잃은 것들이 인간이 가질 수 있는 전부였소. 나는 그것을 나중에서야 뒤늦게 깨달았소."

아리는 자세한 이야기는 하지 않았다. 그렇지만 나는 그가 무엇을 말하는지 짐작할 수 있었다.

재클린과의 결혼은 채 반년도 지나지 않아 파경으로 치달았다. 재클린의 오랜 소망은 아리가 생각한 안전이 아니었다. 자유였다. 안전은 그녀가 자유로운 삶을 살아가는 데 필요한 최소한의 조건에 불과했다. 이번에는 아리가 잘못 판단한 것이다.

결혼을 하자마자 재클린은 자기의 소망대로 마냥 자유롭게 살기 시작했다. 그녀는 둥지를 빠져나온 한 마리 새 같았다. 아리를 홀로 놓아둔 채 개인 수행원들만 데리고 파리와 로마, 그리고 뉴욕의 패션가를 누볐다. 패션이 그녀의 자유이자 새로운 열정이었다. 씀씀이는 상상을 불허했다. 매달 천문학적인 비용을 썼다. 그러면서도 남들 앞에서는 공공연하게 아리를 깎아내렸다.

재클린은 조지 워싱턴 대학을 졸업한 후 기자 생활을 하다 대통령 영부인으로 백악관에서 살던 젊고 지적인 여인이었다. 그녀의 눈에는 아리가 늙은 바람둥이이자 천박한 장사꾼으로만 보였다. 재클린이 그렇게 나오자 케네디가에서도 아리를 박대했다. 게다가 로버트 F. 케네디가 죽고 난 후 실질적으로 아리를 도와줄 사람도 없었다. 오히려 새로 백악관을 차지한 리처드 닉슨은 미국의 퍼스트 레이디였던 재클린과 결혼한 아리에 대한 의심과 혐오를 공개적으로 내비쳤다. 아리는 자기의 오판을 뼈아프게 후회했다. 그리고 이혼 수속을 밟기 시작했다.

## 32
## 떠도는 양피지

아이들은 더 문제였다. 아리와 티나가 이혼했을 때 11살이었던 알렉산더와 9살이었던 크리스티나는 티나가 맡았다. 얼마 안 가서 티나는 처칠 경의 친척인 블란트포드 말보로 백작과 재혼했다. 그 후 두 아이는 불안하고 불행한 어린 시절을 보냈다. 그래선지 둘 다 누군가의 사랑을 간절히 구하면서도 자기들을 버린 부모에게서는 멀어지려고 필사적으로 애쓰며 반항했다.

알렉산더는 아리의 사업을 물려받는 데에 관심이 없었다. 그는 15살 연상인 남작부인과 사랑에 빠져 지냈다. 크리스티나 역시 자기보다 20살이나 많은 데다 그녀가 가진 돈밖에는 아무것도 안중에 없는 이혼남과 결혼하고 싶어했다. 결국 크리스티나는 결혼과 이혼을 반복하며 약물중독에 빠져 아리를 멀리했다.

크리스티나는 몬테카를로에서 살았다. 이유는 단 하나였다. 그곳이 땅 위에서 아리가 다시는 발 딛기 싫어하는 유일한 곳이었기 때문이다. 알렉산더는 한 걸음 더 나갔다. 자가용 비행기를 몰고 아리에게서 영영 떠나버렸다. 아리는 그 날짜와 시각까지 정확히 기억했다. 1973년 1월 23일 오후 6시 55분이었다. 아리의 67살 생일파티가 있은 지 사흘 후였다.

장례식은 스코르피오스 섬에서 그리스 정교 식으로 치러졌다. 알렉산더는 섬에 있는 작은 성당 옆에 묻혔다. 그날은 날씨가 유별나게 추웠다. 하늘도 땅도 얼었다. 전에 없던 일이었다. 아리는 검은 안경으로 얼굴을 감추고 묘지에서 조금 떨어져 혼자 서 있었다. 신부가 솔로몬의 「전도서」를 낭송하기 시작했다.

"헛되고 헛되며 헛되고 헛되니 모든 것이 헛되도다. 해 아래서 수고하는 모든 수고가 사람에게 무엇이 유익한가. …… 사람이 사는 동안에 기뻐하며 선을 행하는 것보다 나은 것이 없는 것을 내가 알았고 사람마다 먹고 마시는 것과 수고함으로 낙을 누리는 것이 하나님의 선물인 줄을 또한 알았도다."

차가운 바람이 불어와 신부의 목소리를 군데군데 물어뜯

어 날아갔다.

"은을 사랑하는 자는 은으로 만족하지 못하고 풍요를 사랑하는 자는 소득으로 만족하지 아니하나니 이것도 헛되도다. …… 네 헛된 평생의 모든 날 곧 하나님이 해 아래에서 네게 주신 모든 헛된 날에 네가 사랑하는 아내와 함께 즐겁게 살지어다. 그것이 네가 일평생에 해 아래에서 수고하고 얻은 네 몫이니라."

아리는 그때야 깨달았다. 자기가 가진 모든 것이 이제 자기를 떠나갈 것을, 자기가 무너져 내리는 절벽 위에 혼자 서 있다는 것을, 그는 언 땅에 아들을 묻으면서야 비로소 깨달았다. 그토록 악착같이 움켜쥐었던 모든 것들이 손가락 사이로 줄줄 새어나가 사라지고 있다는 것을 그제야 알았다. 허무가 온몸을 휘감았다. 50년 전 스미르나에 터키 해방군이 들이닥쳤을 때 느꼈던 엄청난 공포도 다시 밀려왔다. 그때도 빈손이었고 혼자였다. 그런데 이제 다시 빈손으로 혼자서 가야 할 길이 눈앞에 보였다. 한데 그때는 어렸고 지금은 늙었다.

장례식이 끝나자 조문객들이 흩어져 돌아가기 시작했다. 아리는 자리에 그대로 서 있었다. 멀리서 검은색 승용차 한 대가 미끄러지듯 천천히 다가왔다. 잠시 후 차 문이 열리며

검은색 둥근 테 모자에 검은색 튜닉을 입은 두 명의 젊은이
가 내렸다. 그들은 차 트렁크에서 휠체어를 꺼내어 펼치더니
차 안에 있던 한 노인을 조심스럽게 안아서 그 위에 앉혔다.
노인 역시 같은 복장을 하고 있었다. 유대인 랍비들이었다.

　젊은 랍비들이 휠체어를 밀고 아리의 옆으로 다가와 섰다.
그들은 검은색 모자를 벗어 앞가슴에 갖다 대어 조의를 표했
다. 아리가 휠체어에 앉은 노인을 바라보았다. 누구일까? 기
억을 더듬는 사이에 젊은 랍비 하나가 입을 열었다.

　"콘스탄티노플 대제사장 랍비 유다 벤 게림이십니다."

　그랬다. 꼭 50년 전에 터키 콘스탄티노플에서 본 랍비였
다. 눈발이 간간이 흩날렸다. 노인은 두 눈을 멀건이 뜬 채 허
공을 응시하고 있었다. 아리가 고개를 약간 숙였다. 노인을
알아본다는 뜻이었다. 그러자 노인의 입술이 조금씩 움직였
다. 하지만 소리는 새어나오지 않았다. 옆에 섰던 젊은 랍비
가 허리를 굽혀 노인의 입에 귀를 갖다 댔다.

　얼마가 지나 젊은 랍비가 고개를 끄덕이며 허리를 폈다.
그가 아리에게 노인의 말을 전했다.

　"너무 늦게 와서 미안하답니다. 좀 더 일찍 왔어야 했는데.
당신을 처음 보았을 때부터 이런 참담한 상황만은 피하고 싶
으셨답니다. 스승님께서 잘못하셨답니다. 그때「캅베드」가

세상에 나가는 걸 막으려고 할 게 아니라, 그것이 제대로 쓰이게 당신께 일러주었어야 했답니다. 모두 스승께서 잘못하셨답니다. 그래서 용서를 빌러 오셨답니다."

아리가 하늘을 올려다보았다. 해가 창백했다. 아리가 무겁게 입을 열었다.

"어쩌면 당신이 옳았는지도 모르오. 그것은 내가 가질 물건이 아니었소. 이제 「캅베드」를 돌려주겠소."

그러자 노인의 입술이 다시 천천히 움직였다. 역시 소리는 들리지 않았다. 젊은 랍비가 다시 아리에게 전했다.

"그러실 필요가 없답니다. 스승님께서는 아직도 당신의 스승께서 왜 「캅베드」를 세상에 유출시키셨는지 이해하지 못하신답니다. 하지만 어떤 거룩한 뜻이 분명히 있으셨을 거라고 생각하고 지난 50년을 살아오셨답니다. 그 뜻을 계속 받들고 싶으시답니다. 앞으로도 「캅베드」는 세상을 떠돌며 누구에게는 축복을, 그리고 누구에게는 파멸을 가져다줄 것이랍니다. 그것은 오직 「캅베드」를 가진 사람의 마음에 달려 있을 것이랍니다."

아리의 눈에서 그동안 참았던 눈물이 한꺼번에 쏟아져 내리기 시작했다. 뜨거운 눈물은 차가운 볼을 흥건히 적셨다. 노인의 입술 사이로 긴 한숨이 새어나왔다. 젊은 랍비들이 노인의 휠체어를 밀고 승용차로 돌아갔다.

아리가 내게 물었다.

"성지순례 중이라고 했소?"

그렇다고 했다.

"신을 찾소?"

고개를 저었다.

"죽는 것이 두렵소?"

대답하지 않았다.

"난 두렵지 않소. 이미 죽었기 때문이오."

나도 그가 불쌍하다고 생각했다.

# 33

## 다시 시작하는 이야기

새벽이 다가오고 있었다. 하늘이 점차 엷어지더니 어디선 가 새 우는 소리가 들리기 시작했다. 바다에서 불어오는 바 람이 습기를 몰고 왔다. 아침에는 안개가 낄 것 같았다. 아리 는 자기의 긴 이야기를 마무리했다.

"여기까지 합시다. 내 평생 가장 많은 이야기를 했소. 내가 지난 이야기들을 모두 당신에게 한 것은 나를 거울삼아 당신 이 「캄베드」를 잘 사용할 수 있게 하기 위해서요. 내 성공을 배우시오. 그렇지만 내 실패도 꼭 기억하시오. 얼마 전 「포브 스」에서 내가 세계에서 다섯 번째 부자라고 했소. 하지만 그 것은 내가 가진 부동산들을 잘 모르고 하는 말이오. 내 재산 은 그보다 훨씬 많소.

그러나 보시오. 나는 이제 머지않아 죽을 것이고 내 재산들은 허공으로 날아갈 거요. 이어받을 자식조차 없으니 말이오. 난 모든 걸 다 가진 것 같지만 사실은 아무것도 가진 게 없소. 「캅베드」의 힘은 무한하지만 그래도 그것은 단지 소망을 이루게 해주는 도구일 뿐이오. 「캅베드」가 어떤 일을 이루어 주느냐는 오직 그 사람의 소망이 무엇이냐에 달려 있소. 랍비 노인의 말이 맞았소. 물은 소가 마시면 우유가 되지만 뱀이 마시면 독이 되오.

「캅베드」를 손에 쥐었다고 해서 인간이 신이 될 수는 없소. 오히려 악마가 되기 쉽소. 나를 보시오. 이제와 돌이켜 생각해보면 「캅베드」를 올바로 사용하기 위해서는 반드시 사랑과 정의와 같은 미덕들을 갖고 있어야 하오. 그렇지 않으면 오히려 「캅베드」 때문에 인생을 망치기 쉽소. 그래서 「캅베드」는 마지막 장에 신을 공경하라고 가르쳤나 보오. 혹시 이런 이야기를 아시오? 우리 그리스에 내려오는 이야기요.

옛날에 왕을 섬기던 착한 양치기가 있었소. 어느 날 이 양치기는 우연히 반지 하나를 얻게 되었소. 그런데 그것은 보통 반지가 아니라 마법을 부리는 반지였소. 구슬이 박혀 있는 곳을 손바닥 쪽으로 돌리면 다른 사람들의 눈에는 반지를 낀 사람이 보이지 않게 만들어주는 반지였단 말이오. 그

반지를 손에 넣자 양치기에게는 곧바로 나쁜 마음이 생겼소. 그래서 몰래 왕궁으로 들어가 왕비를 유혹하여 간통했소. 그리고 그녀와 함께 왕을 죽이고 자기가 왕이 되었다는 이야기요. 혹시 들어보았소?"

나는 그렇다고 했다. 플라톤의 『국가』에 나오는 「기게스의 반지」라는 이야기다. 그것은 누구든 그런 신비한 능력을 갖게 되면 그것을 옳은 일에보다는 나쁜 일에 사용하기 쉽다는 것을 경고하는 이야기이다.

"그게 바로 인간이고, 그게 바로 나였소. 난 「칸베드」를 잘못 사용했소. 나는 충분히 세계 제일의 부자가 될 수도 있었고, 가정을 잘 가꾸고 자식들을 잘 키울 수도 있었소. 그래서 살아서 행복하고 죽은 후에라도 내 이름과 함께 내가 세운 왕국이 이어가게 할 수 있었단 말이오. 그런데 그것들을 모두 허공에 날려버렸소. 이유는 오직 내가 「칸베드」를 잘못된 일에 사용했기 때문이오. 난 사랑이나 정의 같은 인간적인 미덕을 배우지 못했소. 당신은 부디 그런 사람이 아니길 바라오.

「칸베드」의 가르침은 한없이 풍성하게 해석하여 사용할 수 있소. 어떻게 해석해 사용해도 마법은 반드시 일어나오. 나 스스로 놀란 적이 한두 번이 아니오. 그런데 나는 그중에 겨우 서너 가지밖에 사용할 줄 몰랐소. 일을 공경하는 것과 직원과 고객을 공경하는 것, 그리고 여자를 공경하는 것 말이오. 그것은 아마 「캅베드」의 가르침 가운데 십분의 일도 안 될 것이오. 난 땅, 물, 숲 같은 자연을 공경할 줄도 몰랐고 신을 공경할 줄은 더욱 몰랐소. 당신은 부디 그러지 않길 바라오.

알렉산더가 죽은 이후에야 난 깨달았소. 인간은 자연과 신을 공경해야만 타락하지 않게 된다는 것을. 그래서 「캅베드」를 다시 꺼내 읽기 시작했소. 특히 내가 그동안 필요 없다고 생각했던 마지막 장을 읽고 또 읽었소. 그러면서 신을 공경한다는 일이 무엇인가를 생각해보았소. 그런데 말이오, 난 아직도 신을 기쁘게 하는 일이 무엇인지 모르오. 신이 소망하는 것이 무엇인지를 모른단 말이오. 당신은 혹시 아시오?"

나는 모른다고 했다. 사실이 그랬다.

그로부터 수년 전이었다. 프랑스 파리와 영국 런던에서 68혁명이 일어났다. 불길은 걷잡을 수 없이 번져 독일과 이탈리아, 그리고 동구의 도시들을 휩쓸었다. 미국에서는 히피문화가 일어났다. 막 개발된 피임약을 거머쥔 여성들은 성해방을 부르짖었다. 젊은이들은 거리에서 키스하고 골목에서 섹스를 했다. 모두가 나름대로 자유를 외쳤다. 중국에서는 문화혁명이 일어났다. 베트남 전쟁은 끝나가고 있었지만 세상은 여전히 들끓었다. 소위 포스트모더니즘이라는 새로운 물결이 밀려와 신전의 기둥처럼 견고하던 가치들을 마구 흔들어댔다. 나는 혼란에 빠져 성지순례에 나섰다.

순례를 다니면서 나는 오직 한 가지만 생각했다. 세상을 움직이는 신의 뜻이 무엇일까? 신이 내게, 그리고 우리 아이들에게 원하는 것이 과연 무엇인가? 그렇지만 알 수 없었다. 그래도 그에게 뭔가를 대답해주어야 한다는 생각이 강하게 들었다. 청한 것은 아니었지만 어쨌든 아리는 나를 위해 밤새 애썼다. 그로서는 하기 어려운 이야기들까지도 마다않고 해주었다. 그래서 나도 마지못해 입을 열었다.

"사람이 어떻게 신의 뜻을 알겠습니까. 하지만 이번 순례를 통해 이런 생각은 갖게 되었지요. 어쩌면 신은 우리가 세상의 쾌락을 늘여나가기보다는 고통을 줄여나가길 바랄 것이라는 생각 말입니다. 굶주림, 가난, 질병, 전쟁 같은 것들을 줄여 더 나은 세상을 만들어가는 일을 신은 기뻐할 것이라는 말이지요. 그 신이 어떤 신이든 도대체 신이 있다면 말입니다. 그런데 더 나은 세상을 만들어가는 그런 일들은 신뿐만 아니라 당신 같은 부자들도 할 수 있는 일이지요. 만일 당신이 재단을 세워 그런 일들을 한다면 당신의 재산은 허공으로 날아가지 않을 것이고 세상은 당신을 오래도록 기억할 것입니다."

아리는 한참 동안 말이 없었다. 뭔가를 곰곰이 생각하는 듯했다.

"난 평생 나 자신의 쾌락을 늘리기 위해서만 돈을 썼소. 다른 사람들을 위해 돈을 쓸 때에도 그들에게서 내가 원하는 것을 얻어내기 위해서였을 뿐이었소. 그들의 고통을 줄이기 위해서 돈을 써본 적이 없소. 그런데 당신 말을 듣고 보니 그 또한 부끄러운 생각이 드는구려. 그렇겠지! 세상의 고통을 줄여 더 나은 세계를 만드는 일을 신이라면 기뻐하겠지. 돈을 벌 때는 기쁨을 늘리는 데서 벌지만 돈을 쓸 때는 고통을 줄이는 데다 써야 한다는 거지! 옳은 말 같소. 나도 그렇게 돈을 쓰는 방법을 궁리해보겠소. 재단을 만드는 일 말이오. 「캄베드」를 당신에게 건네주기로 한 것은 잘한 일 같소."

아리는 안주머니에서 조그만 가죽주머니를 하나 꺼냈다. 손에 쥐고 잠시 바라보더니 두 눈을 지그시 감고 입술을 갖다 댔다. 그의 눈가가 다시 젖었다. 50년 동안이나 소중히 지니고 다니던 물건과 나누는 작별인사였다. 그리고 탁자 위에 천천히 내려놓았다. 나는 그저 물끄러미 바라보고 있었다.

그가 자리에서 벌떡 일어나며 물었다.

"그런데, 당신 이름은 뭐요?"

나도 함께 일어서며 대답했다.

"윌리엄이요. 윌리엄 게이츠."

"당신 아들은?"

"빌입니다."

"몇 살이오?"

"열일곱 살이요."

"나도 딱 그 나이에 랍비 노인에게서 「캅베드」를 받았소. 잘 가르치시오."

아리가 빙그레 웃으며 내게 손을 내밀었다. 손이 따뜻했다.

"우린 다시 못 만날 것이오. 행운을 비오."

그가 돌아서 나갔다. 뒷모습이 허물어지는 벽 같았다. 나는 한동안 멍하니 서 있었다. 한바탕 기나긴 꿈을 꾼 느낌이었다. 만일 탁자 위에 그가 놓아두고 간 손때 묻은 가죽주머니가 없었다면 그렇게 믿었을지도 모른다.

날이 밝았다. 동녘에서 돋아난 장밋빛 햇살이 도시의 어둠을 닦아냈다. 밤새 잿빛에 물들었던 유구한 도시가 하나씩 제 빛깔로 되살아났다.

에필로그

## 더 나은 세상

세월이 지났다. 세월이 가면 지난 일들이 모두 꿈같아진
다. 나는 그날 밤 터키 이즈미르에서 만난 노인이 선박왕 아
리스토텔레스 소크라테스 오나시스가 분명한지는 확신할 수
없다. 그가 한 이야기 가운데는 세상에 알려진 것과는 다른
것들이 많다. 어쩌면 그는 오나시스의 일생에 대해 잘 알고
있던 어느 노인이었는지도 모른다. 내가 그의 말을 믿게 하
기 위해 자기가 오나시스라고 했을 수도 있다. 하지만 그것
은 중요하지 않다. 어쨌든 그 노인은 내게 「캅베드」를 건네주
었고 그것을 통해 세상에서 자기가 원하는 모든 것을 거머쥐
었던 어떤 사람에 대한 이야기를 정성껏 해주었다. 그 고마
운 사람의 이름이 아리였다.

1975년 내 아들 빌이 다니던 하버드 대학을 중퇴하고 마이크로소프트 사를 설립했다. 그는 그때 이미 「캅베드」를 통해 자기 자신의 소망을 알아냈고 그것을 성취하여 자기를 기쁘게 하는 방법도 터득하고 있었다. 뿐만 아니라 일을 공경하는 방법과 직원과 고객들을 공경하는 방법도 익혔다. 이런 모든 일에서 빌은 아리에게 큰 도움을 받았다. 나는 빌에게 「캅베드」를 건네주며 아리에 대해 자세히 이야기했다. 그의 성공에 대해서는 물론이지만 그의 실패에 대해서도 많은 이야기를 했다. 다행히 빌은 아리가 했던 성공은 본받았지만 실패는 답습하지 않았다.

아리도 거듭 반복해 말했듯이 「캅베드」의 가르침들은 매우 상징적으로 씌어 있다. 그래서 사람마다 자기의 처지나 수준에 맞게 해석하여 사용할 수 있다. 빌도 그렇게 했다. 그럼에도 빌은 아리가 한 해석에서 매우 중요한 미덕들을 배웠다. 어떤 난관에도 꺾일 줄 모르는 용기, 새로운 일에 대한 끊임없는 도전, 올바른 판단을 위한 경청, 매번 돌파구를 찾아내는 창의력, 정보와 자료 분석에 근거한 판단력, 남을 앞지르는 추진력, 인재들을 대우하는 포용력, 손해를 감수하고라도 지키는 신용 등이 그것들이다.

마이크로소프트 사를 창설할 당시 빌은 세계 제일의 부자가 되려면 세계를 공경해야 한다고 생각했다. 「캅베드」의 가르침에 따르면, 세계를 공경하려면 우선 세계가 소망하는 것이 무엇인지를 이해하고, 그것이 이루어지도록 도와 세계를 기쁘게 해야 한다. 그리고 그 일을 하는 데는 설사 그렇지 않더라도 마치 그런 것처럼 믿음을 갖고 과감하게 실행해야 한다. 빌은 그렇게 했다. 오늘날 생명공학이나 대체에너지, 인공지능 산업이 그렇듯 40여 년 전에는 PC와 IT산업이 세계가 소망하는 것이었다. 빌과 마이크로소프트 사는 그 소망이 이루어지도록 돕는 운영체계들을 개발하여 그때마다 세계를 기쁘게 했다. 그 일을 실행하는 데 믿음과 용기를 잃지 않고 과감하게 밀어붙였다. 그래서 빌은 결국 세계 제일의 부자가 되었다.

2008년 6월 27일에 빌이 자기가 세운 마이크로소프트 사에서 33년 만에 은퇴했다. 빌은 1995년부터 13년 동안 「포브스」가 선정한 세계 제일의 부자였다. 나는 그때에도 기뻤다. 아리가 한 일을 빌이 더 잘 해냈기 때문이다. 그렇지만 그가 은퇴선언을 할 때는 더 기뻤다. 빌이 이제부터는 그와 그의 아내의 이름을 따 만든 '빌 앤 멀린다 게이츠 재단'에서 아리가 하지 못했던 새로운 일을 시작하기 때문이다.

아리도 나에게 「캅베드」를 넘겨준 다음에 돌아가서 '오나

285

시스 재단'을 세웠다. 그러나 그에게는 새로운 일을 하기에 시간이 부족했다. 1975년 3월 15일에 아리가 세상을 떠났다는 기사가 신문에 짤막하게 실렸다. 그가 재단을 세운 지 얼마 되지 않아서였다. 하지만 빌은 아직 젊기 때문에 새로운 많은 일을 할 수 있을 것이다. 빌 앤 멀린다 게이츠 재단은 지금까지도 에이즈 퇴치와 저개발국 교육사업 등에 앞장 서왔다. 이제부터는 빌의 본격적인 합류로 세상의 고통을 줄이기 위한 더 새롭고 많은 일을 하리라 믿어 의심치 않는다.

빌과 나는 세상의 쾌락을 늘리는 일보다 고통을 줄이는 일이 더 나은 세상을 만드는 일이라는 데에 언제나 의견을 함께 해왔다. 그리고 그렇게 하는 것이 인생을 의미 있게 할 뿐 아니라 가치 있게도 한다는 데에 항상 공감해왔다. 나아가 그것이 신을 공경하는 일이라는 데도 똑같은 믿음을 갖고 있다. 이점에서 우리는 아리와 전혀 다른 길을 선택했다.

세상의 고통을 줄이는 일은 셀 수도 없이 많다. 지금 세계에는 하루 생활비가 1달러도 안 되는 가난한 사람이 20억 명이나 된다. 아프리카를 비롯한 저개발국가에서 5초마다 10살 미만 어린이 한 명이 굶어죽고 4분마다 한 명이 비타민 A 결핍으로 시력을 잃고 있다. 해마다 200만 명의 아이들이 5달러짜리 말라리아 예방약이 없어 죽어간다. 1달러짜리 모기장

하나로도 그들을 도울 수 있다. 지극히 작은 예에 불과하다. 매년 수천만 명의 사람들이 이처럼 치료 가능한 질병과 굶주림으로 죽어간다. 해일과 지진으로도 수만 명이 죽는다. 테러와 전쟁은 또 어떤가. 지금 세상은 우리가 피하거나 줄일 수 있는 고통들로 가득 차 있다.

굶주림이나 질병 같은 인간적 고통을 범세계적으로 줄이고 사회적 약자를 향한 각종 폭력을 근절해야 한다. 과학기술을 발전시키고 질 높은 공교육을 확장해야 한다. 백해무익한 전쟁과 테러를 종식하고 핵무기와 생화학무기를 철폐해야 한다. 지진과 해일 같은 각종 재해를 예방하고 자연환경을 보호하며, 인간을 포함한 모든 생물들의 삶의 조건을 개선해야 한다. 이 모든 중요한 일이 지금 우리 앞에 놓여 있다. 그런데 이렇게 많은 일을 빌 혼자서 할 수는 없다. 우리가 함께 해야 한다. 그래서 나는 이 책을 쓰기로 결심했다.

「캅베드」를 가진 사람의 가장 큰 특징은 용기와 자신감이다. 누구나 「캅베드」를 손에 쥐게 되면 "나는 뭐든지 원하는 대로 할 수 있어."라는 용기와 자신감이 생긴다. 그런데 아리도 이야기했듯이 「캅베드」의 모든 마법이 여기에서부터 시작된다. 이제 당신도 「캅베드」를 손에 넣었다. 당신은 이제부터 원하는 것은 뭐든지 할 수 있는 마법사가 되었다. 어쩌면 당신은 아리나 빌이 이룬 것보다 더 위대한 일을 해낼지도 모른다. 내 작은 바람이 있다면, 당신의 마법에도 세상의 고통을 줄여 더 나은 세상을 만드는 일이 포함되는 것이다. 당신의 마법에 행운이 있기를 빈다!

서면 벼랑이지만, 걸으면 길이다

　이 책은 2009년에 출간된 『기적의 양피지, 캅베드』의 개정
판이다. 새 단장을 하고 다시 나선 이유는 그 때나 지금이나
우리의 삶에 달라진 것이 전혀 없기 때문이다. 있다면 상황
이 더 악화되었다는 것뿐이다. 오늘도 세상이 수상하다. 경제
가 어렵고 정치가 어지럽다. 진실이 사라지고 정의가 메말랐
다. 날조된 지식과 가짜 뉴스가 범람하고, 바이러스가 창궐
하고 있다. 어제와 마찬가지로 가슴에 어둠이 내리고 마음의
길들이 끊어졌다. 나누어 가질 믿음이 말랐고, 함께 간직할
희망이 사라졌다.

　밤이 오면 별을 보고 갈 길을 찾던 시대가 있었다. 고난이
오면 신에게 살 길을 묻던 시대도 있었다. 그런데 오늘날 도시
문명 속에 사는 우리에게는 별이 보이지 않는다. 과학만능

시대를 사는 사람들에게는 신이 사라졌다. 이제 우리는 갈 길도 살 길도 스스로 찾아야 한다. 그래서 날마다 천길 벼랑 앞에 홀로 선다. 그래도 살아야지 않겠는가. 한걸음이라도 걸어 나아가야지 않겠는가. 그래서 이 책은 당신에게 공경(恭敬)이라는 퍽이나 낯선 길 하나를 선보였다.

내가 말하는 공경은 본디 고대 히브리인들의 캅베드(כָּבֵד)에서 유래한 개념이다. 캅베드는 그것이 무엇이든 마주하는 대상을 '신을 대하듯이 대하라'라는 고대 히브리인들의 무거운 계율이다. 그리고 그것의 본질은 사랑이다. 따라서 공경은 사랑을 구현하는 보편적이고 실천적인 방안이다. 그런데 고대 히브리인들에게는 사랑이 언제나 상호주관적이다. 그것은 사랑하는 사람이 사랑 받는 사람이다. 이웃을, 자연을, 신을 사랑하는 사람이 이웃으로부터, 자연으로부터, 신으로부터 사랑받는다.

이 말은 공경도 상호주관적이라는 것을 의미한다. 공경하는 사람이 공경 받는다는 뜻이다. 이웃을, 자연을, 신을 공경하는 사람이 이웃으로부터, 자연으로부터, 신으로부터 공경받는다. 세상이 이 같은 '상호주관적 매듭'(le nexus intersubjeclif)으로 이루어졌다는 것이 히브리인들이 알아낸 우주 창조의 비밀이자 신비다. 그렇다면 남에게 사랑받고자 하는 대로 남을 먼저 사랑하고, 남에게 공경 받고자 하는 대로 남을 먼저 공경해야 하지 않겠는가. "남에게 대접받고자 하는 대로 남을 대접하라"(마태복음 7:12)는 예수의 황금율도 바로 이 히브리 지혜에서 나왔다.

내가 보기에는 이것이 해법이다. 경제가 어렵고 정치가 어지럽더라도, 진실이 사라지고 정의가 메말랐더라도, 날조된 지식과 가짜 뉴스가 범람하고, 바이러스가 창궐하더라도, 가슴에 어둠이 내리고 마음의 길들이 끊어졌더라도, 나누어 가질 믿음이 마르고, 함께 간직할 희망이 사라졌더라도, 세상이 상호주관적 매듭으로 이뤄졌다는 것을 믿자. 그리고 마주 하는 대상을 먼저 사랑하고, 먼저 공경하자.

상호주관적 매듭으로 이뤄진 세계에서는 언제나 서면 벼랑이지만, 걸으면 길이다!

이 책과 이 말을 당신에게 바친다, 나침반이 되길 바란다.

2021년 1월
김용규

# 골든 시크릿

| 펴낸날 | 초 판 1쇄 2009년 2월 25일 |
|---|---|
| | 개정판 1쇄 2021년 2월 10일 |

| 지은이 | 김용규 |
|---|---|
| 펴낸이 | 심만수 |
| 펴낸곳 | (주)살림출판사 |
| 출판등록 | 1989년 11월 1일 제9-210호 |

| 주소 | 경기도 파주시 광인사길 30 |
|---|---|
| 전화 | 031-946-1350  팩스  031-624-1356 |
| 홈페이지 | http://www.sallimbooks.com |
| 이메일 | book@sallimbooks.com |

| ISBN | 978-89-522-4262-4  03100 |
|---|---|

※ 값은 뒤표지에 있습니다.
※ 잘못 만들어진 책은 구입하신 서점에서 바꾸어 드립니다.

책임편집·교정교열  김다니엘